全国职业院校汽车类专业工作手册式新形态教材

附微课视频

汽车维修
工具使用

中德诺浩（北京）教育科技股份有限公司 / 组编

吕丕华 / 主编

大连理工大学出版社

内容简介

本书是全国职业院校汽车类专业工作手册式新形态教材。全书分为十二个任务，包括汽车维修常用工具的整理与选用，游标卡尺、千分尺的使用，量缸表、钢直尺、塞尺、刀口尺的使用，燃油压力表、机油压力表的使用，胎压表、气缸压力表、万用表的使用，扭力扳手、气门拆装工具的使用，球头取出器、拉拔器的使用，诊断仪、内窥镜、示波器的使用，举升机、四轮定位仪的使用，轮胎拆装机、动平衡机的使用，划针、铁皮剪、锉刀的使用，钳工工具的使用等内容。

本书可作为全国职业院校汽车类专业的教学用书，也可作为汽车售后服务企业相关技术人员与社会人士的培训参考用书。

本套教材由吕丕华主编，本书由李连成负责编写。

图书在版编目(CIP)数据

汽车维修工具使用 / 中德诺浩(北京)教育科技股份有限公司组编. -- 大连：大连理工大学出版社，2024.9

ISBN 978-7-5685-4997-4

Ⅰ.①汽… Ⅱ.①中… Ⅲ.①汽车－车辆维修设备－教材 Ⅳ.①U472.46

中国国家版本馆 CIP 数据核字(2024)第 109554 号

大连理工大学出版社出版

地址：大连市软件园路 80 号　邮政编码：116023
发行：0411-84708842　邮购：0411-84708943　传真：0411-84701466
E-mail:dutp@dutp.cn　　　URL:https://www.dutp.cn
大连图腾彩色印刷有限公司印刷　　大连理工大学出版社发行

幅面尺寸:210mm×285mm	印张:7.25	字数:199 千字	
2024 年 9 月第 1 版	2024 年 9 月第 1 次印刷		

责任编辑:唐　爽　　　　　　　　　　责任校对:陈星源
封面设计:张　莹

ISBN 978-7-5685-4997-4　　　　　　定　价:32.80 元

序

当前,我国处于由制造大国向制造强国、由人力资源大国向人力资源强国发展的重要时期,党和国家为此制定了一系列科教兴国、人才强国的战略措施。

在人才队伍中,工作在生产一线的技能型人才是重要基础。高素质技能型人才队伍是推动经济社会发展的重要保障,职业教育是培养高素质技能型人才的主要渠道。尽管世界各国国情不同,发展职业教育的条件、政策和具体措施各异,但无论是发达国家还是新兴工业化国家,都非常重视职业教育在培养高素质技能型人才中发挥的重要作用,把发展职业教育作为人力资源开发、振兴经济、增强国力的战略选择。

德国的职业教育水平处于世界领先地位。德国经济在世界金融危机中能依然稳健发展,与其因职业教育发达而拥有大量的高素质技能型人才是分不开的。完备的法律制度和各方面的高度重视,为德国的职业教育发展提供了有力保障。德国的双元制职业教育制度将劳动人事制度与教育制度有机地结合在一起。学校和企业都是培养人才的主体,并承担相应责任,学校和企业的教学计划、形式和内容虽各有侧重,但又相互联系,且均以工作任务为教学载体,将技能学习和训练、理论学习和运用有机结合,充分发挥学生在教学中的主体作用,着力培养学生承担社会责任的能力、独立发现和解决问题的能力,以及在实践中自主学习的能力。

改革开放以来,我国在借鉴国外先进职业教育经验方面取得了可喜成就。我国职业教育的对外交流与合作就是从借鉴和学习德国经验开始的,中德诺浩(北京)教育科技股份有限公司为此做了积极而有效的探索。

长期以来,该公司致力于引进德国的汽车职业教育资源,与德国手工业协会合作,在国内与以德国品牌为主的汽车合资企业和各类职业院校共同开展教育工作。经过多年的探索,结合我国国情,该公司成功引进德国汽车类专业职业教育的课程体系、教学素材和教学方法,并利用互联网手段进行了全方位本土化,在此基础上与 300 多所职业院校联手,为我国汽车维修企业培养了大批优秀人才。与此同时,该公司组织中德两国的汽车技术专家、经验丰富的维修技师和职业教育专家,共同编写了全国职业院校汽车类专业工作手册式新形态教材。这套教材以培养高技能人才为目标,内容选自实际操作,既原汁原味地吸纳了德国经验,又结合我国实际情况充实了教学内容,旨在推动我国汽车维修技能型人才的培养与世界接轨。我期待这套教材能在我国培养国际标准汽车高技能人才方面发挥重要作用,在中国由汽车大国向汽车强国迈进的征程中做出应有的贡献。

唐天标

(本序作者系第十一届全国人大常委会委员、第十一届全国人大教科文卫委员会副主任委员,中国人民解放军总政治部原副主任,上将军衔)

前 言

　　职业教育是国民教育体系和人力资源开发的重要组成部分,肩负着培养多样化人才、传承技术技能、促进就业创业的重要职责。随着新型工业化的推进和科学技术的发展,现代职业教育体系已成为国家竞争力的重要支撑。为贯彻落实全国职业教育大会精神,推动现代职业教育高质量发展,加快构建现代职业教育体系,建设技能型社会,弘扬工匠精神,培养更多高素质技术技能人才,满足我国汽车产业迅猛发展对高端技术技能型汽车人才的需求,编者在总结多年来将德国汽车类专业职业教育中国本土化经验的基础上,编写了这套全国职业院校汽车类专业工作手册式新形态教材。

　　本套教材将理论基础和实践应用有机结合,在引领学生学习汽车专业知识的同时培养学生的实际操作技能,具有以下特点:

　　(1)以企业一线任务为引导,将理论知识与实践技能完美结合。

　　(2)教学任务有序化设计,从简单到复杂,循序渐进,不断深化。

　　(3)采用四色印刷,版面简洁清晰、主题明确、色彩清新。

　　(4)配有丰富的数字化教学资源,学生可通过扫描每个任务专属的二维码进行浏览和自学。

　　本套教材的编写充分发挥了学生的主体地位,优化了课堂设计,便于调动学生的学习积极性和主动性,还可培养学生的创新意识和创新能力。

本套教材是职业院校汽车类专业核心课程教材,也可供从事汽车研究、设计、制造、使用和维修的工程技术人员学习和参考。

尽管我们在探索教材特色方面做出了许多努力,但教材中仍可能存在一些不足,恳请广大读者批评指正,并将意见和建议反馈给我们,以便修订时改进。

编　者

目录

汽车维修常用工具的整理与选用任务工单							
车辆信息	车　型		VIN			行驶里程	
任务描述	常用工具整理 ☐	常用工具选用 ☐	游标卡尺 ☐	千分尺 ☐			
	量缸表 ☐	钢直尺 ☐	塞尺 ☐	刀口尺 ☐			
	燃油压力表 ☐	机油压力表 ☐	胎压表 ☐	气缸压力表 ☐			
	万用表 ☐	扭力扳手 ☐	气门拆装工具 ☐	球头取出器 ☐			
	拉拔器 ☐	诊断仪 ☐	内窥镜 ☐	示波器 ☐			
	举升机 ☐	四轮定位仪 ☐	轮胎拆装机 ☐	动平衡机 ☐			
	划针 ☐	铁皮剪 ☐	锉刀 ☐	钳工工具 ☐			
	其他：						

- 能够正确、熟练地将汽车维修常用工具分类、整理、装箱
- 能够根据任务，正确选用汽车维修常用工具进行拆装操作

- 汽车维修常用工具的整理和摆放
- 汽车维修常用工具的选用

- 汽车维修常用工具的选用

任务难点

- 正确选用汽车维修常用工具

一、知识讲解

(一)汽车维修常用工具的整理和摆放

工具车是收纳工具的专用器材,适用于修理车间内汽车维修常用工具的摆放和整理,如图 1-1 所示。

在向工具车放置工具时,要将重的、厚的工具放在工具车的下层,每层尽可能放置同一类工具。

图 1-1　工具车

(二)汽车维修常用工具的选用

图 1-2 所示为汽车常见螺栓与元件。对不同的螺栓与元件,拆卸和装配时使用不同的工具。图 1-2(a)所示内六方螺栓,一般使用内六方扳手;图 1-2(b)所示弹簧卡箍,一般使用内弹簧卡箍钳;图 1-2(c)所示内六方螺栓,一般使用棘轮扳手配合内六方套头;图 1-2(d)所示轮胎紧固螺栓,一般使用轮胎扳手。

(a)内六方螺栓(1)

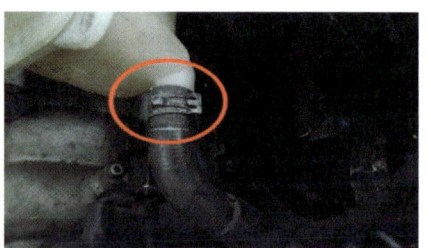

(b)弹簧卡箍

(c)内六方螺栓(2)

(d)轮胎紧固螺栓

图 1-2　汽车常见螺栓与元件

二、任务准备

在下列图片中勾选出完成本任务所需的物品。

内六方扳手	丁字杆	三件套	轮胎扳手
卡簧钳	工具车	一字旋具	抹布
举升机	实训整车	工具套件	钢丝钳
呆扳手	内六花扳手	锤子	吸力棒

三、防护措施

(1)进入车间应穿工鞋,戴工帽;工作服应整洁、无破损。

(2)在进入车间前应摘下手表、戒指、项链、耳环等金属饰品。

(3)操作时应将工具、零部件、设备、车辆等摆放整齐,工作结束后摆放于指定地点保管。

(4)操作过程中应做到油品、工具、配件不落地。操作完毕后应及时清理车间工作场地,做到现场"5S"管理。

四、任务分配

任务分配见表1-1。

表 1-1　　　　　　　　　　　　　　　任务分配

职　务	代　码	姓　名	工作内容
组长	A		监督、管理组员工作
组员	B		准备任务实施所需车辆
	C		
	D		准备任务实施所需工具
	E		

五、任务实施

根据表1-2和表1-3中的提示完成相应任务并做好记录。

表 1-2　　　　　　　　　　　　　　　常用工具的整理

工具箱层数	工具名称	单件工具数量
第一层		
第二层		
第三层		
第四层		
第五层		
第六层		
第七层		

工具:A.呆扳手;B.轮胎扳手;C.内六方扳手;D.内六花扳手;E.摇把;F.棘轮扳手套件;G.旋具;H.钳子;I.锤子;J.丁字杆;K.吸力棒(在"工具名称"栏内填写字母)

注:本任务以七层工具箱为例进行说明,如果现场工具箱少于七层,可以选择将其中某两层或三层合并。

表 1-3   常用工具的选用

部　位	零件名称	选用工具名称
	气门室盖螺栓	
	水管卡子	
	弹簧卡子	
	节气门螺栓	
	轮胎螺栓	
	进气歧管螺栓	

六、检 查

(一)自 检

结合本组任务操作过程,对任务执行过程中的操作规范性进行检查,检查操作过程中是否存在以下问题,填入表1-4,分析讨论应如何避免并总结操作方法。

表1-4 自 检

检查项目	检查结果
工具摆放、分层是否合理	是 □ 否 □
工具选用是否正确	是 □ 否 □
任务实施记录表是否完成	是 □ 否 □

(二)互 检

组与组之间相互进行任务操作过程检查,并把检查结果填入表1-5。

表1-5 互 检

检查项目	检查结果
工具摆放、分层是否合理	是 □ 否 □
工具选用是否正确	是 □ 否 □
任务实施记录表是否完成	是 □ 否 □

七、课堂小结

动画演示

实操视频

游标卡尺、千分尺的使用任务工单

任务描述				
常用工具整理 ☐	常用工具选用 ☐	游标卡尺 ☐	千分尺 ☐
量缸表 ☐	钢直尺 ☐	塞尺 ☐	刀口尺 ☐
燃油压力表 ☐	机油压力表 ☐	胎压表 ☐	气缸压力表 ☐
万用表 ☐	扭力扳手 ☐	气门拆装工具 ☐	球头取出器 ☐
拉拔器 ☐	诊断仪 ☐	内窥镜 ☐	示波器 ☐
举升机 ☐	四轮定位仪 ☐	轮胎拆装机 ☐	动平衡机 ☐
划针 ☐	铁皮剪 ☐	锉刀 ☐	钳工工具 ☐
其他：				

- 能正确使用测量工具读取数值
- 能根据测量对象选择正确的测量工具
- 能够正确校正量具并对量具进行保养

- 游标卡尺的作用、分类与读数
- 千分尺的作用、分类与读数

- 游标卡尺和千分尺的读数

- 游标卡尺和千分尺的使用方法

一、知识讲解

(一)游标卡尺的作用、分类与读数

游标卡尺是一种测量长度、内径、外径、深度的量具。

游标卡尺根据读数方式可分为普通游标卡尺、带表卡尺和数显卡尺三种。

游标卡尺根据功能可分为普通游标卡尺、深度游标卡尺、角度游标卡尺、齿厚游标卡尺和高度游标卡尺五种,部分如图 2-1 所示。

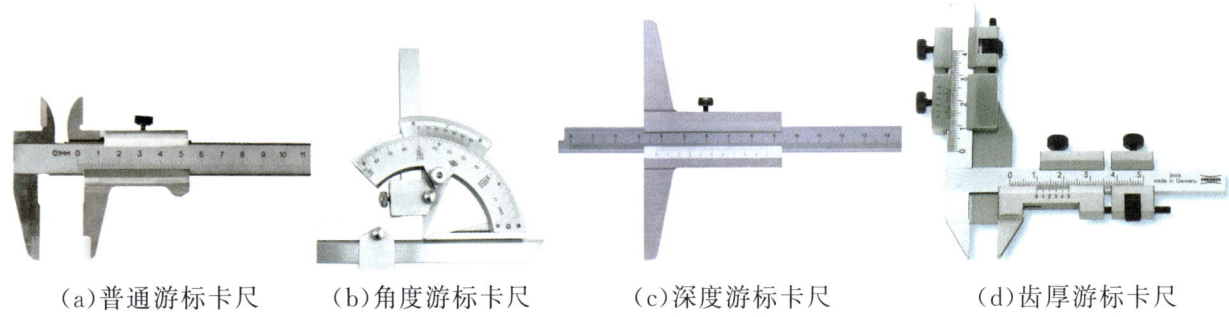

(a)普通游标卡尺 (b)角度游标卡尺 (c)深度游标卡尺 (d)齿厚游标卡尺

图 2-1　部分游标卡尺

普通游标卡尺由主尺和附在主尺上能滑动的游标尺两部分构成。

游标卡尺的主尺和游标尺上有两副活动量爪,分别是内测量爪和外测量爪。内测量爪通常用来测量内径,外测量爪通常用来测量长度和外径,如图 2-2 所示。

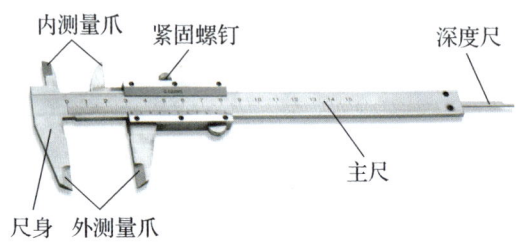

图 2-2　普通游标卡尺的组成

游标卡尺使用时,首先要选择测量精度,数值越小的测量精度越高,一般游标卡尺测量精度可分为 0.1 mm、0.05 mm、0.02 mm 三种。测量完毕后,要将紧固螺钉锁紧后再读数。

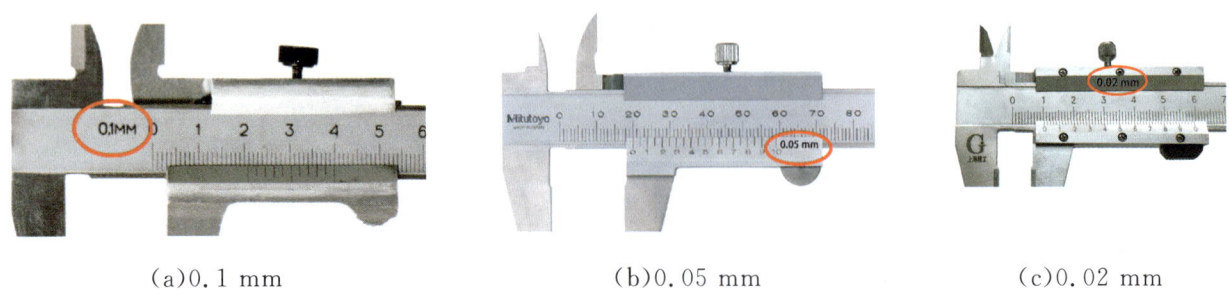

(a)0.1 mm　　　　　　　　(b)0.05 mm　　　　　　　　(c)0.02 mm

图 2-3　测量精度分类

游标卡尺读数时,先读整数,即找到游标尺上的零线左边最接近的主尺刻度,如图 2-4 所示为 15 mm;再读小数,即找到游标尺与主尺对齐的刻度,记下游标尺上该刻度与零刻度之间的格数,乘以游标卡尺的精度;最后将两者相加,即被测尺寸。图 2-4 中,测量尺寸=尺身基本尺寸+游标尺格数×精度=15+34×0.02=15.68 mm。

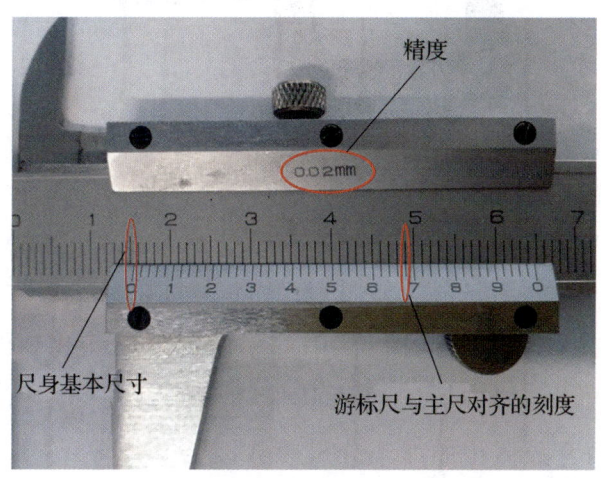

图 2-4　普通游标卡尺的读数

(二)千分尺的作用、分类与读数

千分尺又称螺旋测微仪,是比游标卡尺测量长度更精密的工具,常见千分尺的测量精度为 0.01mm。千分尺的种类很多,其中外径千分尺最为常用。

千分尺根据读数方式可分为机械式千分尺和数显千分尺两类,分别如图 2-5、图 2-6 所示。

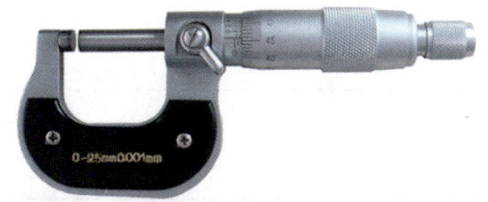

图 2-5　机械式千分尺

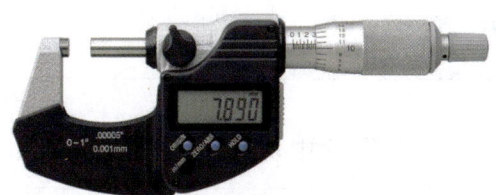

图 2-6　数显千分尺

机械式千分尺由测微螺杆、固定套管、微分筒、微调旋钮、隔热板等组成,如图 2-7 所示。

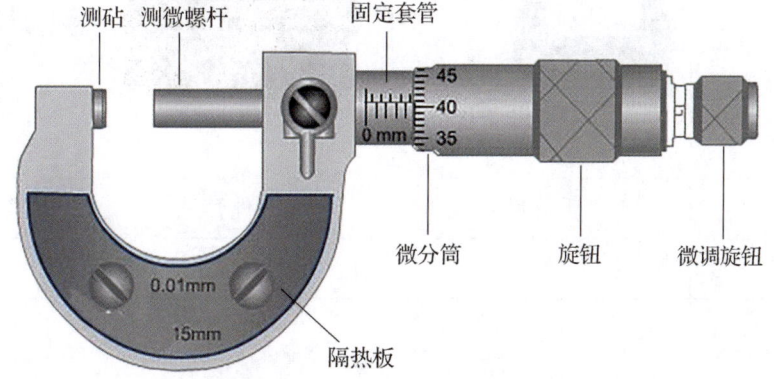

图 2-7　机械式千分尺的组成

使用机械式千分尺时,首先应进行校准。先用锁紧机构锁紧测微螺杆,再用扳手扳动固定套管,直至固定套管与微分筒的零线对齐,如图 2-8 所示。

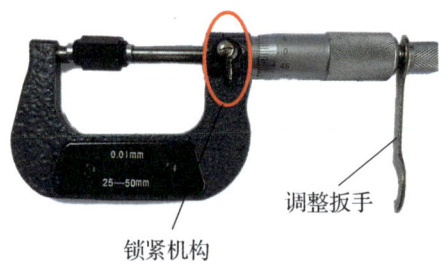

调整扳手

锁紧机构

图 2-8　千分尺的校准

机械式千分尺读数时,首先旋转微分筒,再转动微调旋钮直到听到"咔咔"两声之后,用锁紧机构固定。读取固定套管上的数值,其中如果中分线已露出,记作 0.5 mm;若半刻度线未露出,记作 0 mm,如图 2-9 所示。然后读取微分筒上的刻度值,该刻度值×精度即此时微分筒上的数值,将两个数值相加即千分尺读数。

微分筒

固定套管

中分线

图 2-9　机械式千分尺读数

二、任务准备

在下列图片中勾选出完成本任务所需的物品。

扭力扳手	千分尺	三件套	深度游标卡尺

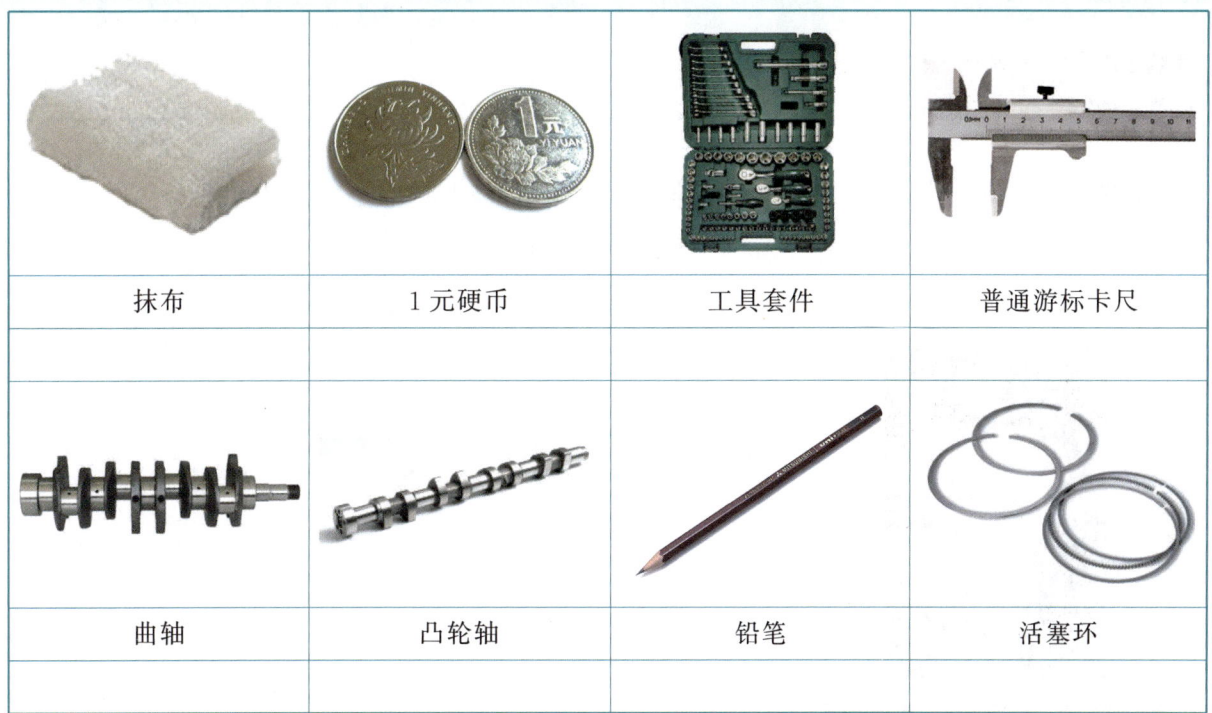

抹布	1元硬币	工具套件	普通游标卡尺
曲轴	凸轮轴	铅笔	活塞环

三、防护措施

（1）进入车间应穿工鞋，戴工帽；工作服应整洁、无破损；操作时不可佩戴手表等金属饰品，以防划伤车辆表面。

（2）操作前应熟读维修手册中的操作标准和仪器、设备使用标准，并做好日常维护工作。

（3）操作过程中应做到油品、工具、配件不落地。操作完毕后应及时清理车间工作场地，做到现场"5S"管理。

四、任务分配

任务分配见表 2-1。

表 2-1　　　　　　　　　　　　　任务分配

职 务	代 码	姓 名	工作内容
组长	A		监督、管理组员工作
组员	B		准备任务实施所需车辆
	C		
	D		准备任务实施所需工具
	E		

五、任务实施

根据表 2-2 和表 2-3 中的提示完成相应任务并做好记录。

表 2-2 　　　　　　　　　　　　　游标卡尺的测量 　　　　　　　　　　　　　mm

工作内容	测量值

012

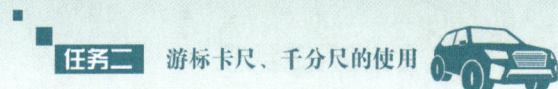

表 2-3　　　　　　　　　　　　　　　千分尺的测量

工作内容	测量值

六、检 查

(一)自 检

结合本组任务操作过程,对任务执行过程中的操作规范性进行检查,检查操作过程中是否存在以下问题,填入表 2-4,分析讨论应如何避免并总结操作方法。

表 2-4   检 查

检查项目	检查结果
是否能正确使用测量工具	是 ☐ 否 ☐
读数是否正确	是 ☐ 否 ☐
任务实施记录表是否完成	是 ☐ 否 ☐

(二)互 检

组与组之间进行任务操作过程检查,并把检查结果填入表 2-5。

表 2-5   互 检

检查项目	检查结果
是否能正确使用测量工具	是 ☐ 否 ☐
读数是否正确	是 ☐ 否 ☐
任务实施记录表是否完成	是 ☐ 否 ☐

七、课堂小结

动画演示

实操视频

量缸表、钢直尺、塞尺、刀口尺的使用任务工单							
设备信息	发动机型号				缸筒直径		
任务描述	常用工具整理 ☐	常用工具选用 ☐		游标卡尺 ☐		千分尺 ☐	
	量缸表 ☐	钢直尺 ☐		塞尺 ☐		刀口尺 ☐	
	燃油压力表 ☐	机油压力表 ☐		胎压表 ☐		气缸压力表 ☐	
	万用表 ☐	扭力扳手 ☐		气门拆装工具 ☐		球头取出器 ☐	
	拉拔器 ☐	诊断仪 ☐		内窥镜 ☐		示波器 ☐	
	举升机 ☐	四轮定位仪 ☐		轮胎拆装机 ☐		动平衡机 ☐	
	划针 ☐	铁皮剪 ☐		锉刀 ☐		钳工工具 ☐	
	其他：						

- 能够使用量缸表测量气缸直径
- 能够使用钢直尺或刀口尺和塞尺组合测量气缸平面度

- 量缸表的作用、组成、安装与使用
- 钢直尺、塞尺、刀口尺的作用与分类
- 气缸平面度的测量

- 量缸表的作用、组成、使用与读数方法
- 钢直尺、塞尺、刀口尺的使用

- 量缸表的使用与读数方法
- 气缸平面度的测量

一、知识讲解

(一)量缸表

1.量缸表的作用与组成

量缸表是用来测量内径尺寸的一种测量工具,常用来测量气缸内径。

量缸表主要由百分表、锁紧旋钮、测量接杆、测量头、表杆等组成,如图 3-1 所示。

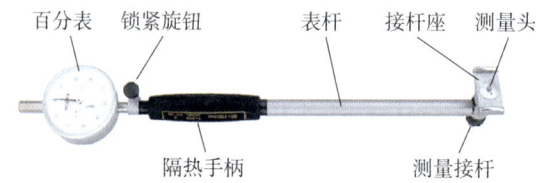

图 3-1 量缸表的组成

2.量缸表的安装与调整

量缸表的安装与调整顺序:首先安装百分表,然后选择测量接杆,最后进行调零。具体过程如下:

(1)安装百分表:将百分表的夹装套筒擦干净,装进表杆上端的弹簧卡头内。安装时,要保证百分表的表杆与量缸表的连动机构完全接触,如图 3-2 所示。安装百分表时应该使小指针转动一格或者指向一刻度,然后紧固锁紧旋钮,夹紧力不宜过大,拨动测量接杆,检查百分表的灵敏度和稳定性。

(2)选择测量接杆:用游标卡尺测量被测缸体的直径,根据此值选择测量接杆,应保证测量的最大直径要求。然后根据被测量气缸的标准直径选择并校准外径千分尺,再将外径千分尺调到被测气缸的标准直径。选择好相应尺寸的测量接杆后,套上固定螺母,把测量接杆装到接杆座上。将量缸表的测量接杆长度调整为标准缸径＋预紧量,锁紧固定螺母,将接杆固定,如图 3-3 所示。

图 3-2 安装百分表

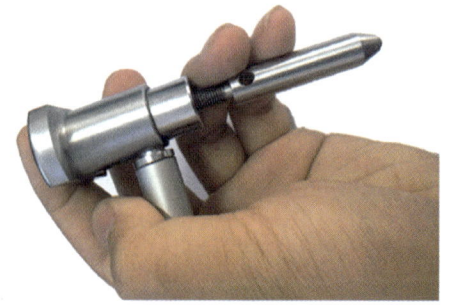

图 3-3 安装测量接杆

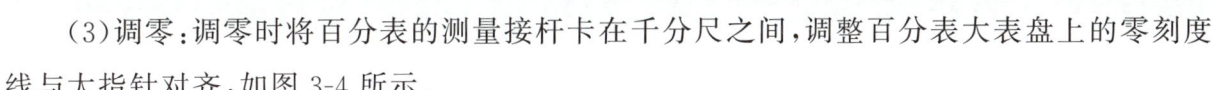

（3）调零：调零时将百分表的测量接杆卡在千分尺之间，调整百分表大表盘上的零刻度线与大指针对齐，如图3-4所示。

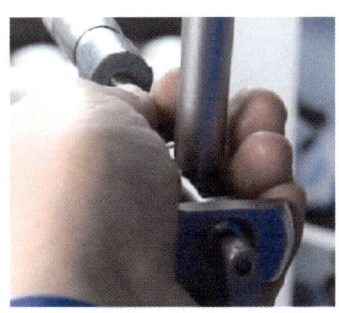

图3-4　调零

3.量缸表的使用

在使用量缸表时，要一手拿住隔热套，另一只手托住表杆下部靠近气缸体，并将表盘指针方向面向自己。将测量接杆一侧先探入气缸，之后再将测量头放入气缸。

测量时，使量缸表的测量接杆同气缸轴线保持垂直，才能测量准确。当前后摆动量缸表，表针指示到最小数字时，活动测杆垂直于气缸轴线，如图3-5所示。

若发现大表盘指针沿顺时针方向离开"0"刻度线，表示气缸直径小于标准尺寸的缸径；若沿逆时针方向离开"0"刻度线，则表示气缸直径大于标准尺寸的缸径。需要注意的是，百分表的大表盘指针转动一周，小表盘指针转动一格，如图3-6所示。

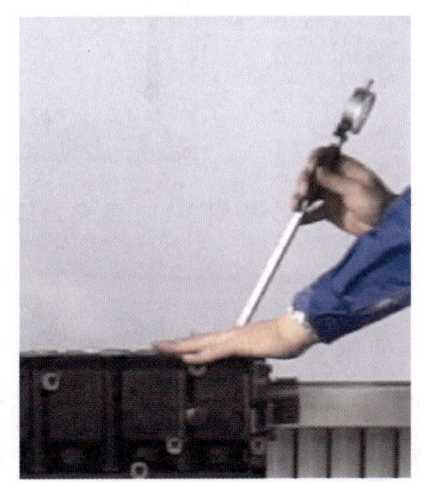
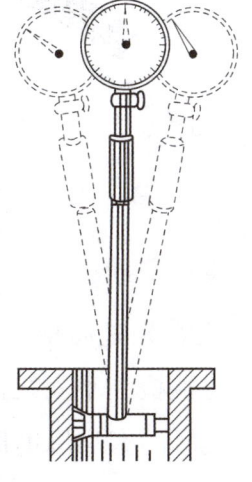

图3-5　量缸表的使用　　　　　　　　　　　　图3-6　量缸表的读数

（二）钢直尺、塞尺、刀口尺

1.钢直尺、塞尺、刀口尺的作用与分类

钢直尺可以画直线，同时也能与塞尺配合检查气缸体或气缸盖的平面度。钢直尺可分为水平钢直尺和直角钢直尺两种，分别如图3-7、图3-8所示。

| 图 3-7　水平钢直尺 | 图 3-8　直角钢直尺 |

塞尺又称为厚薄规,主要用于间隙间距的测量。塞尺由一组具有不同厚度级差的薄钢片组成,每个钢片的标准厚度都标注在了钢片上,如图 3-9 所示。

刀口尺用来测量平面度误差,要配合塞尺来使用。测量时将刀口尺的刀口垂直在被测平面上,用塞尺塞住刀口下的缝隙,从而测量出平面度误差。刀口尺一般分为水平刀口尺和直角刀口尺两种,分别如图 3-10、图 3-11 所示。

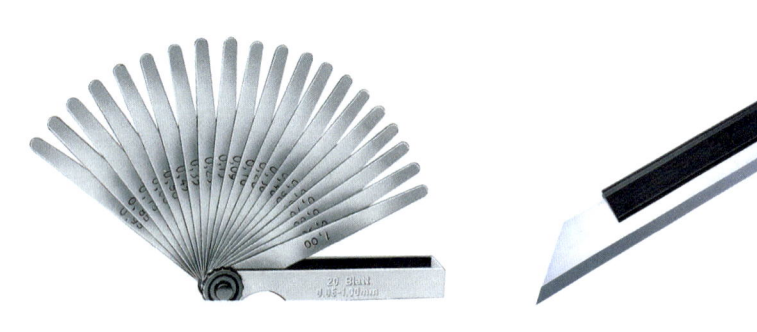

| 图 3-9　塞尺 | 图 3-10　水平刀口尺 | 图 3-11　直角刀口尺 |

2.气缸平面度的测量

气缸平面度可以选用钢直尺和塞尺组合来进行测量。使钢直尺与被检查平面保持垂直,然后选用合适厚度的塞尺,塞进钢尺与被检测平面之间的缝隙,并前后移动。调整塞尺厚度,当塞尺移动过程中略有摩擦感时,此时的塞尺厚度即缝隙的宽度,如图 3-12 所示。在利用钢直尺和塞尺组合测量时,应注意以下几点:

(1)测量时,钢直尺必须保持与被检测平面垂直,不能弯曲。

(2)选用塞尺厚度时,应遵循从小到大的顺序进行选择。

(3)检查缝隙宽度时,可以根据宽度,选择不同厚度规格的塞尺钢片叠加进行测量。

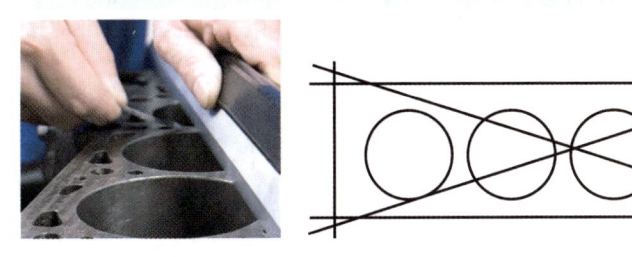

图 3-12　气缸平面度的测量

（4）在测量过程中不能单一地在某一位置进行测量,需要变换位置,最简单的方法就是用十字交叉的方法进行测量。

二、任务准备

在下列图片中勾选出完成本任务所需的物品。

发动机翻转台架	量缸表	工作台	刀口尺
塞尺	活塞环	工具套件	钢直尺

三、防护措施

（1）进入车间应穿工鞋,戴工帽;工作服应整洁、无破损;操作时不可佩戴手表等金属饰品,以防划伤车辆表面。

（2）操作前应熟读维修手册中的操作标准和仪器、设备使用标准，并做好日常维护工作。

（3）操作时应将工具、零部件、设备、车辆等摆放整齐，工作结束后摆放于指定地点保管。

四、任务分配

任务分配见表 3-1。

表 3-1　　　　　　　　　　　　　　　　　　任务分配

职　务	代　码	姓　名	工作内容
组长	A		监督、管理组员工作
组员	B		准备任务实施所需车辆
	C		
	D		准备任务实施所需工具
	E		

五、任务实施

根据表 3-2 和表 3-3 中的提示完成相应任务并做好记录。

表 3-2　　　　　　　　　　　　　　　　气缸内径的测量

工作内容		测量值
	测量气缸圆度	
	测量气缸圆柱度	

表 3-3 　　　　　　　　　　　气缸盖平面度及活塞环间隙的测量

工作内容		测量值	选用工具
塞尺	对活塞环侧面间隙进行测量		
	对缸体上表面平面度进行测量		

六、检 查

(一)自 检

结合本组任务操作过程,对任务执行过程中的操作规范性进行检查,检查操作过程中是否存在以下问题,填入表 3-4,分析讨论应如何避免并总结操作方法。

表 3-4 　　　　　　　　　　　　　　自 检

检查项目	检查结果
量缸表使用是否正确	是 □　　否 □
刀口尺或钢直尺与塞尺配合使用是否正确	是 □　　否 □
塞尺规格选择是否正确	是 □　　否 □
量缸表组装是否正确	是 □　　否 □
测量方法是否正确	是 □　　否 □
任务实施记录是否完成	是 □　　否 □

(二)互 检

组与组之间进行任务操作过程检查,并把检查结果填入表 3-5。

表 3-5   互 检

检查项目	检查结果
量缸表使用是否正确	是 □ 否 □
刀口尺或钢直尺与塞尺配合使用是否正确	是 □ 否 □
塞尺规格选择是否正确	是 □ 否 □
量缸表组装是否正确	是 □ 否 □
测量方法是否正确	是 □ 否 □
任务实施记录是否完成	是 □ 否 □

七、课堂小结

动画演示

实操视频

燃油压力表、机油压力表的使用任务工单							
车辆信息	车型		VIN		行驶里程		
任务描述	常用工具整理 ☐	常用工具选用 ☐	游标卡尺 ☐	千分尺 ☐			
	量缸表 ☐	钢直尺 ☐	塞尺 ☐	刀口尺 ☐			
	燃油压力表 ☐	机油压力表 ☐	胎压表 ☐	气缸压力表 ☐			
	万用表 ☐	扭力扳手 ☐	气门拆装工具 ☐	球头取出器 ☐			
	拉拔器 ☐	诊断仪 ☐	内窥镜 ☐	示波器 ☐			
	举升机 ☐	四轮定位仪 ☐	轮胎拆装机 ☐	动平衡机 ☐			
	划针 ☐	铁皮剪 ☐	锉刀 ☐	钳工工具 ☐			
	其他：						

- 能够正确使用燃油压力表并读数
- 能够正确使用机油压力表并读数

- 燃油压力表的作用、组成与分类
- 燃油压力表的连接与泄压
- 机油压力表的作用与组成

- 机油压力表的使用
- 燃油压力表的组成与分类
- 机油压力表的组成

- 燃油压力表的使用和读数方法
- 机油压力表的使用和读数方法

一、知识讲解

(一)燃油压力表

1.燃油压力表的作用、组成与分类

燃油压力表的主要作用是检测发动机燃油系统的压力。燃油压力表主要由各种接头、油管等组成,如图 4-1 所示。

燃油压力表根据读数方式可分为指针式燃油压力表和数字式燃油压力表两种,分别如图 4-2 和图 4-3 所示。

图 4-1 燃油压力表   图 4-2 指针式燃油压力表   图 4-3 数字式燃油压力表

2.燃油压力表的连接

燃油压力表的连接方式有两种:一种是快速连接,另一种是串联连接,如图 4-4 所示。

如今大多数汽车都在燃油系统的供油支架上安装快速接口。此类汽车在对燃油系统进行压力测量时,只需要选用燃油压力测试组件中的快速接头与供油支架上的接口连接进行测量即可,这种连接燃油压力表的方式就是快速连接。

串联连接是指在没有快速接口的燃油系统中,在对发动机燃油系统进行压力检测时,需先对发动机燃油系统进行泄压,然后将燃油压力表以串联的方式接入燃油系统进行压力检测。

(a)快速连接   (b)串联连接

图 4-4 燃油压力表的连接方式

3.燃油系统的泄压

拆下油泵熔丝,启动发动机,让已有的燃油燃烧,直到发动机自然熄火;待发动机熄火后,启动发动机两三次,释放残留燃油压力;将点火开关旋转到"OFF"位置,并将燃油泵熔丝装进熔丝盒,完成燃油泄压。

(二)机油压力表

1.机油压力表的作用与组成

机油压力表是用来检测发动机润滑系统工作性能的专用测量和诊断工具。

机油压力表主要由表体、油管和各种接头组成,如图 4-5 所示。

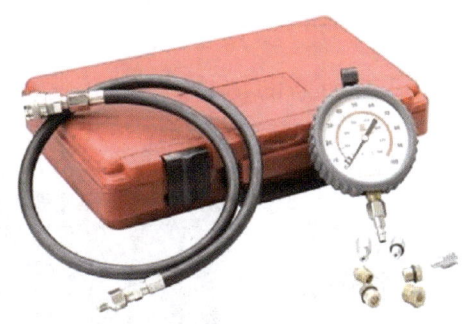

图 4-5　机油压力表

为了适应润滑系统检测口的尺寸,机油压力表配有多种接头,可以直接将机油压力表接到检测口上进行测量。对于没有检测口的车型,可以把油压传感器拆下来,接上机油压力表进行机油压力测量。

2.机油压力表的使用

首先预热发动机,然后参照图 4-6,卸下机油压力开关(图 4-7)。

图 4-6　机油压力开关安装位置　　　图 4-7　机油压力开关

选择合适的接头,安装机油压力表,如图 4-8 所示。安装好机油压力表之后,启动发动机并保持发动机怠速运转,读取机油压力表数据;然后将发动机加速到 2 000 r/min,再次读取机油压力表数据,如图 4-9 所示。

在安装机油压力表时,一定要注意安装螺纹,避免出现损坏螺纹的情况。

图 4-8　安装机油压力表　　　　图 4-9　测量机油压力

二、任务准备

在下列图片中勾选出完成本任务所需的物品。

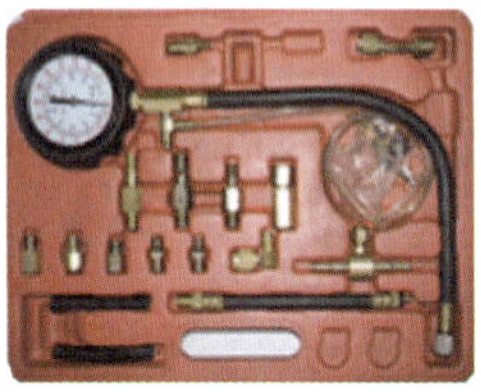 燃油压力表	 尖嘴钳	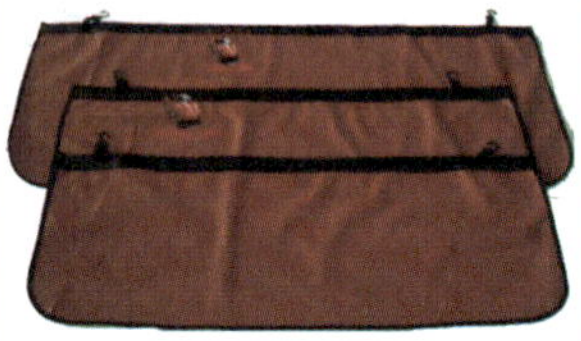 三件套	 一字旋具
 呆扳手	 工具车	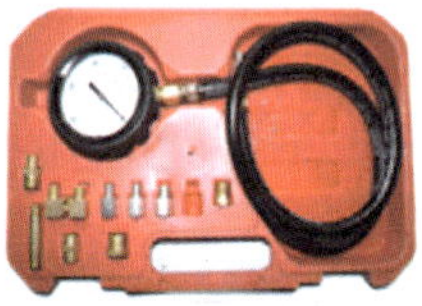 机油压力表	 抹布
 举升机	 实训整车	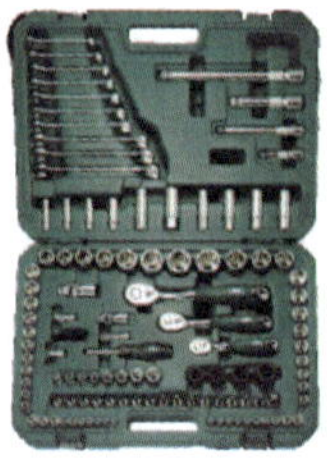 工具套件	 钢丝钳

三、防护措施

(1)进入车间应穿工鞋,戴工帽;工作服应整洁、无破损;操作时不可佩戴手表等金属饰品,以防划伤车辆表面。

(2)车辆进入车间内,应停放至指定地点,熄灭发动机,将变速器置于空挡位置,并拉紧驻车制动器,台架应将滑轮锁死或用木块固定。

(3)操作时应将工具、零部件、设备、车辆等摆放整齐,工作结束后摆放于指定地点保管。

(4)操作过程中应做到油品、工具、配件不落地。操作完毕后应及时清理车间工作场地,做到现场"5S"管理。

四、任务分配

任务分配见表 4-1。

表 4-1　　　　　　　　　　　　　　　　任务分配

职　务	代　码	姓　名	工作内容
组长	A		监督、管理组员工作
组员	B		准备任务实施所需车辆
	C		
	D		准备任务实施所需工具
	E		

五、任务实施

(一)实施步骤

将表 4-2 和表 4-3 中的工作步骤进行排序,并按正确顺序完成任务。

表 4-2　　　　　　　　　　　　　　　燃油压力表的使用

工作步骤	工作内容
1	打开发动机舱盖
2	铺好翼子板布和三件套
3	拔掉燃油泵熔丝,启动发动机燃烧掉燃油,直到自然熄火
	关闭发动机,按住燃油压力表泄压阀,泄掉燃油压力

工作步骤	工作内容
	松开两侧管接头,取下燃油压力表,分解装入表盒
	拆卸油管
	组装燃油压力表
	将组装好的燃油压力表连接至燃油管路中
	测量怠速燃油压力并记录
	测量燃油初始压力并记录
	测量发动机转速在 2 000 r/min 时的燃油压力并记录
	整理工具设备

表 4-3   机油压力表的使用

工作步骤	工作内容
1	打开发动机舱盖
2	铺好翼子板布和三件套
	拆下补水壶
	拔掉冷却液传感器线束插头并将其移至适当位置
5	检查发动机机油液位是否正常
	启动发动机,预热发动机温度至 80 ℃,然后熄火
	启动发动机,测量怠速时的机油压力并记录
	测量发动机转速在 2 000 r/min 时的机油压力并记录
	测量高转速时的机油压力并记录
	拔掉机油压力开关线束,拆卸机油压力开关
	安装机油压力表
	关闭发动机,拆卸机油压力表,分解放回表盒
	启动发动机检查是否漏油
	安装机油压力开关,安装线束插头
	整理工具设备

(二)实施记录

结合任务实施过程,完成表 4-4 和表 4-5 的填写。

表 4-4   燃油压力表的使用记录

发动机转速	初始(点火开关打开)	怠速	2 000 r/min
测量值			

表 4-5　　　　　　　　　　　　机油压力表的使用记录

发动机转速	怠速	2 000 r/min	高速
测量值			

六、检　查

(一)自　检

结合本组任务操作过程,对任务执行过程中的操作规范性进行检查,检查操作过程中是否存在以下问题,填入表 4-6,分析讨论应如何避免并总结操作方法。

表 4-6　　　　　　　　　　　　　　　自　检

检查项目	检查结果
燃油压力表组装是否正确	是□　　否□
燃油压力表连接是否正确	是□　　否□
燃油管路是否有渗漏	是□　　否□
燃油管路各接头紧固是否到位	是□　　否□
机油压力表组装是否正确	是□　　否□
机油压力表连接是否正确	是□　　否□
机油管路是否有渗漏	是□　　否□
机油管路各接头紧固是否到位	是□　　否□
工具是否整理	是□　　否□

(二)互　检

组与组之间相互进行任务操作过程检查,并把检查结果填入表 4-7。

表 4-7　　　　　　　　　　　　　　　互　检

检查项目	检查结果
燃油压力表组装是否正确	是□　　否□
燃油压力表连接是否正确	是□　　否□
燃油管路是否有渗漏	是□　　否□
燃油管路各接头紧固是否到位	是□　　否□
机油压力表组装是否正确	是□　　否□
机油压力表连接是否正确	是□　　否□
机油管路是否有渗漏	是□　　否□
机油管路各接头紧固是否到位	是□　　否□
工具是否整理	是□　　否□

七、课堂小结

动画演示

实操视频

胎压表、气缸压力表、万用表的使用任务工单							
客户信息	姓名				电话		
车辆信息	车型		VIN			行驶里程	

任务描述	常用工具整理 □	常用工具选用 □	游标卡尺 □	千分尺 □
	量缸表 □	钢直尺 □	塞尺 □	刀口尺 □
	燃油压力表 □	机油压力表 □	胎压表 □	气缸压力表 □
	万用表 □	扭力扳手 □	气门拆装工具 □	球头取出器 □
	拉拔器 □	诊断仪 □	内窥镜 □	示波器 □
	举升机 □	四轮定位仪 □	轮胎拆装机 □	动平衡机 □
	划针 □	铁皮剪 □	锉刀 □	钳工工具 □
	其他：			

- 能够正确使用胎压表测量轮胎气压并读数
- 能够正确使用气缸压力表测量气缸压力并读数
- 能够正确使用万用表测量电流、电压、电阻

- 胎压表的作用、组成、分类、使用与读数
- 气缸压力表的作用、组成、分类、使用与读数
- 万用表的作用、分类、组成、量程含义与使用

- 胎压表的作用、组成与分类
- 气缸压力表的作用与组成
- 万用表的作用与分类

- 胎压表的使用方法
- 气缸压力表的使用方法
- 万用表的使用方法

一、知识讲解

(一)胎压表

1.胎压表的作用、组成与分类

胎压表又称为轮胎气压表,主要用于汽车保养、维护、维修过程中对轮胎进行气压检测。胎压表由压力指示表、轮胎气嘴接口、放气按钮、压缩气体接口、充气手柄等组成,如图 5-1 所示。

常见的胎压表有表盘式胎压表和数字式胎压表两种,分别如图 5-2 和图 5-3 所示。

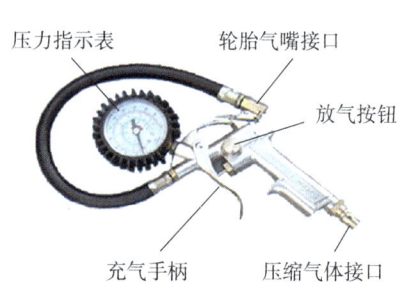

图 5-1　胎压表的组成

图 5-2　表盘式胎压表

图 5-3　数字式胎压表

2.胎压表的使用

首先将胎压表的轮胎气嘴接口接到轮胎的充气嘴上,如图 5-4 所示。

然后将压缩气体管路的快速接头接到胎压表的压缩气体接口上,如图 5-5 所示。

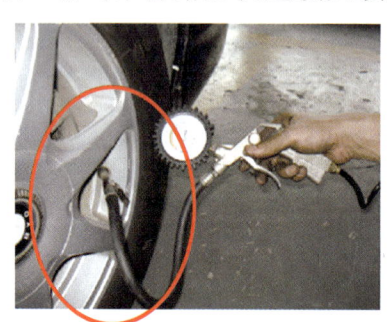

图 5-4　连接轮胎充气嘴

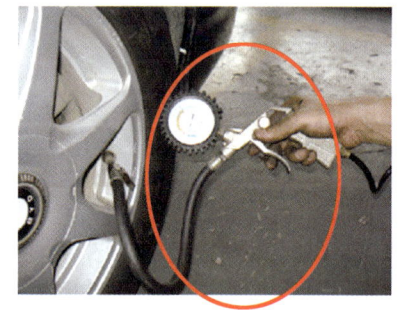

图 5-5　连接压缩气体管路

观察压力指示表指针,若压力大于标准值,则按动放气按钮进行放气;若压力小于标准值,则扳动充气手柄对轮胎进行充气,然后松开充气手柄再次观察轮胎压力,如图 5-6 所示。

测量轮胎胎压时,一定要保证车轮不受外部压力的影响,如果不把车架支撑起来,那么车身的重力会对轮胎产生向下的压力,影响胎压的测量,所以测量轮胎胎压之前一定要把轮胎悬空。

3.胎压表的读数

如图 5-7 所示,压力指示表外圈红色的刻度单位为 psi(磅力/平方英寸,1 psi=6.895 kPa),内圈黑色的刻度单位为 kg/cm^2(0.1 MPa),普通乘用汽车轮胎的标准胎压基本为 2～3 kg/cm^2。

图 5-6　观察轮胎压力

图 5-7　压力指示表的表盘

(二)气缸压力表

1.气缸压力表的作用、组成与分类

　　气缸压力表是检测气缸压力的一种仪表。按显示方式,气缸压力表可分为数字式气缸压力表和指针式气缸压力表,分别如图 5-8 和图 5-9 所示。其中,指针式气缸压力表由表头、连接软管、单向进气阀和接头等组成。

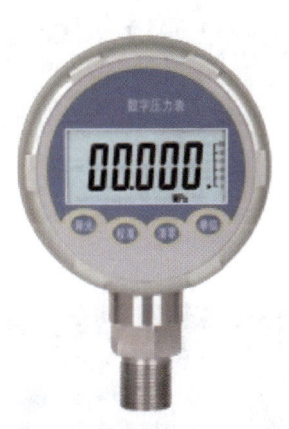

图 5-8　数字式气缸压力表

图 5-9　指针式气缸压力表

　　按接头气缸压力表可分为螺纹式气缸压力表和推入式气缸压力表,分别如图 5-10 和图 5-11 所示。其中,螺纹式气缸压力表接头为螺纹管,推入式气缸压力表接头为锥形或梯形橡胶。螺纹管接头可以拧入火花塞或喷油器孔,橡胶接头可以压紧在火花塞或喷油器孔中。

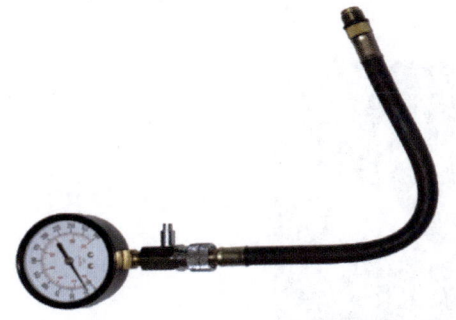

图 5-10　螺纹式气缸压力表

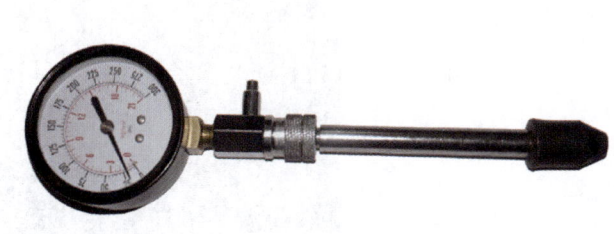

图 5-11　推入式气缸压力表

2.气缸压力表的使用

（1）启动发动机，运转至正常温度（水冷发动机冷却液温度应为 75～95 ℃）后熄火，如图 5-12 所示。

图 5-12　发动机运转至正常温度

（2）拆下点火线圈及全部火花塞，如图 5-13 和图 5-14 所示。

图 5-13　拆下点火线圈

图 5-14　拆下火花塞

（3）清洁发动机舱，拔下点火线圈插头（图 5-15）与油泵继电器（图 5-16）或拔下油泵熔丝。

图 5-15　拔下点火线圈插头

图 5-16　拔下油泵继电器

（4）组装气缸压力表，如图 5-17 所示。

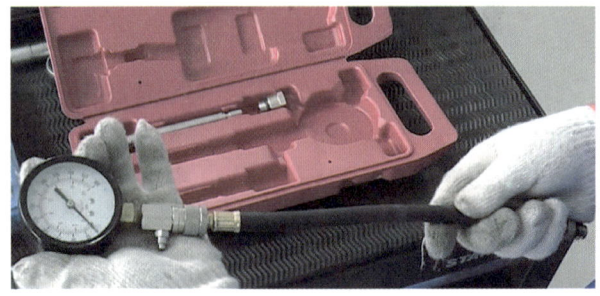

图 5-17　组装气缸压力表

（5）如果使用螺纹式气缸压力表，则将螺纹管接头拧入火花塞孔，如图 5-18 所示。

（6）如果使用推入式气缸压力表，则将橡胶接头压紧在火花塞孔中，如图 5-19 所示。

图 5-18　将螺纹管接头拧入火花塞孔

图 5-19　将锥形橡胶接头压紧在火花塞孔中

（7）将加速踏板踩到底，如图 5-20 所示。

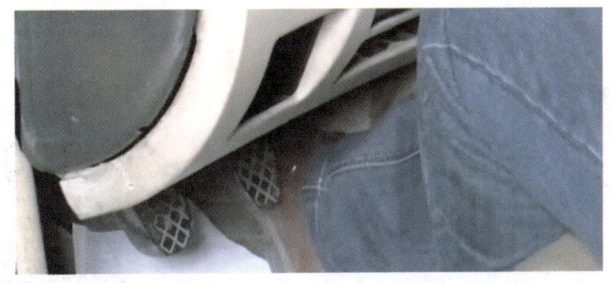

图 5-20　踩踏加速踏板

（8）打开点火开关，用起动机转动曲轴 3～5 s，待压力表指针指示并保持最大压力后关闭发动机；取下气缸压力表并记下读数，按下单向阀使压力表读数归零；按此方法依次测量各缸气压。

3.气缸压力表的读数

气缸压力表测得数值的单位为 kPa。每一大格代表 10 kPa，如图 5-21 所示。

图 5-21　气缸压力表的读数

(三)万用表

1.万用表的作用、分类与组成

万用表是汽车维修过程中常用的电路测量工具。万用表能够测量直流电流、交流电流、直流电压、交流电压及电阻、电容、晶体管放大系数等。

万用表通常分为两类,一类是指针式万用表,另一类是数字式万用表。

指针式万用表以指针的偏转来指示被测量数值的大小。它主要由磁电式测量机构、表笔、转换开关三部分组成,如图 5-22 所示。测量时通过切换转换开关选择相应的挡位和量程,利用表笔与被测物体接触进行测量。指针式万用表本身不用电。

数字式万用表可分为表身、表笔两部分,如图 5-23 所示。表身可分为显示屏、转换开关、表笔插孔三部分。绝大多数数字式万用表使用 9 V 电池作为工作电源。目前,实际工作中较多使用数字式万用表,它具有灵敏度高、准确度高、显示清晰、过载能力强、便于携带、操作简单等特点。

图 5-22　指针式万用表

图 5-23　数字式万用表

把数字式万用表电源开关置于"ON"位置时,数字式万用表首先自检内部 9 V 电池的电量,如果电池电压不足,显示屏上将出现电池电量不足提示,此时需更换电池,如图 5-24所示。

图 5-24　数字式万用表电池电量不足提示

2.万用表量程含义

万用表量程含义见表5-1。

表 5-1　　　　　　　　　　　　　万用表量程含义

图　标	含　义	
	万用表开关	
	三极管检测插孔	
	电容检测插孔	
	二极管挡/蜂鸣挡	
	三极管挡	
	直流电流挡	单位：A（安培），mA（毫安）
	交流电流挡	单位：A（安培），mA（毫安）
	电阻挡	单位：Ω（欧姆），kΩ（千欧），MΩ（兆欧）
	直流电压挡	单位：V（伏特），mV（毫伏）
	交流电压挡	单位：V（伏特），mV（毫伏）
	电容挡	单位：F（法拉），μF（微法），nF（纳法）
	10 A 以下电流测量插孔，测量时将红表笔插入此孔	
	200 mA 以下电流测量插孔，测量时将红表笔插入此孔	

续表

图　标	含　义
	接地插孔,测量时将黑表笔插入此孔
	电压、电阻测量插孔,测量时将红表笔插入此孔
	警告,不应超过极限指标
	小心触电,安全指标

3.万用表的使用

（1）用万用表测量直流、交流电压

将电源开关置于"ON"位置,根据需要将量程开关拨至直流电压（DCV）或交流电压（ACV）的合适量程,分别如图5-25和图5-26所示。

图5-25　直流电压挡

图5-26　交流电压挡

将红表笔插入V·Ω孔,如图5-27所示。将黑表笔插入COM孔,如图5-28所示。

图5-27　V·Ω孔

图5-28　COM孔

将表笔与被测线路并联,此时万用表的读数即被测物体电压。测量 36 V 以上的电压时要注意安全,小心触电。通常用万用表测量直流电压的最大量程不得超过 1 000 V,交流电压最大量程不得超过 700 V。

(2)用万用表测量电阻

首先将电源开关置于"ON"位置,将量程开关拨至电阻挡的合适量程,如图 5-29 所示。将红表笔插入 V·Ω 孔,将黑表笔插入 COM 孔。

图 5-29　电阻挡各量程

如果被测电阻值超出所选择量程的最大值,万用表将显示 1,这时应选择更大一级的量程。测量电阻时一定要断开被测物体的电源,同时由于万用表电阻挡自身带有 0.3～1.0 V 的电压,测量计算机芯片时产生的几微安电流有可能损坏芯片,所以测量电子电路时一定要小心。

万用表使用注意事项如下:

(1)如果无法预先估计被测电路电压或电流的大小,应先拨至最高量程挡测量一次,再视情况逐渐把量程调整到合适。测量完毕应将量程开关拨到最高电压挡并关闭电源。

(2)如果无法预先估计被测元器件阻值的大小,应先从最大量程测量,再根据实际情况逐渐把量程调整到合适。

(3)满量程时,数字式万用表仅在最高位显示数字"1",其他位均消失,这时应选择更高的量程。

(4)测量电压时,应将万用表与被测电路并联;测量电流时,应将万用表与被测电路串联。

(5)禁止在测量高电压(220 V 以上)或大电流(0.5 A 以上)时带电调换量程,以防止产生电弧烧毁万用表量程开关触点。

二、任务准备

在下列图片中勾选出完成本任务所需的物品。

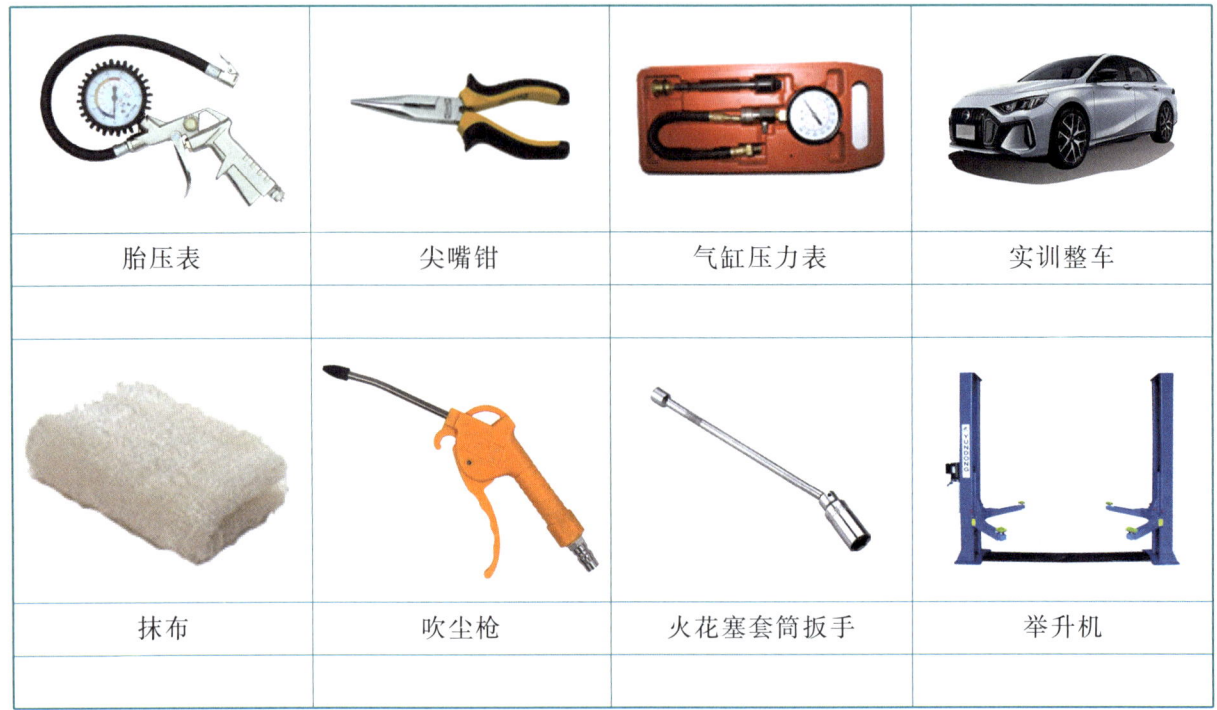

胎压表	尖嘴钳	气缸压力表	实训整车
抹布	吹尘枪	火花塞套筒扳手	举升机

三、防护措施

（1）进入车间应穿工鞋，戴工帽；工作服应整洁、无破损；操作时不可佩戴手表等金属饰品，以防划伤车辆表面。

（2）操作前应熟读维修手册中的操作标准和仪器、设备使用标准，并做好日常维护工作。

（3）操作过程中应做到油品、工具、配件不落地。操作完毕后应及时清理车间工作场地，做到现场"5S"管理。

四、任务分配

任务分配见表 5-2。

表 5-2　　　　　　　　　　　　　　　　　任务分配

职 务	代 码	姓 名	工作内容
组长	A		监督、管理组员工作
组员	B		准备任务实施所需车辆
	C		
	D		准备任务实施所需工具
	E		

五、任务实施

（一）实施步骤

将表5-3和表5-4中的工作步骤进行排序，并按正确顺序完成表5-3～表5-5中的任务。

表 5-3　　　　　　　　　　　　　　　　胎压表的使用

工作步骤	工作内容
	将胎压表的轮胎气嘴接口接到轮胎的充气嘴上
	将压缩气体管路的快速接头接到胎压表的压缩气体接口上
3	观察压力指示表指针，若压力大于标准值，按动放气按钮进行放气；若压力小于标准值，则扳动充气手柄对轮胎进行充气，然后松开充气手柄再次观察轮胎压力
	整理工具

表 5-4　　　　　　　　　　　　　　　　气缸压力表的使用

工作步骤	工作内容
	清理发动机火花塞周围，用吹尘枪清理干净
2	启动发动机，使其运转 10 min
	安装气缸压力表到第 1 缸
	启动发动机
	将所有气缸的火花塞全部拆下
	拔掉油泵熔丝和点火线圈插头
7	安装气缸压力表到第 2 缸，测量压力并记录读数，完成后拆卸气缸压力表
	读取并记录气缸压力表上的数值，读数归零后拆卸气缸压力表
	安装气缸压力表到第 3 缸，测量压力并记录读数，完成后拆卸气缸压力表
10	安装气缸压力表到第 4 缸，测量压力并记录读数，完成后拆卸气缸压力表
	将其他附件归位
	安装点火线圈
	安装火花塞
	整理工具、量具

表 5-5　　　　　　　　　　　　　　　　万用表的使用

工作步骤	工作内容
1	测量导线电阻
2	测量蓄电池电压（额定电压标注在蓄电池外壳）
3	整理工具

（二）实施记录

结合任务实施过程，完成表 5-6～表 5-8 的填写。

表 5-6 　　　　　　　　　　　　　　　　　　　胎压记录　　　　　　　　　　　　　　　　　　$kg \cdot cm^{-2}$

压力值	左前轮	左后轮	右前轮	右后轮
正常压力				
检测压力				

表 5-7 　　　　　　　　　　　　　　　　　　　气缸压力记录

测量缸	第一次测量值	第二次测量值	测量平均值
第 1 缸			
第 2 缸			
第 3 缸			
第 4 缸			

表 5-8 　　　　　　　　　　　　　　　　　　　电压、电阻测量记录

测量内容	测量值
导线电阻	
蓄电池电压	

六、检　查

（一）自　检

结合本组任务操作过程，对任务执行过程中的操作规范性进行检查，检查操作过程中是否存在以下问题，填入表 5-9，分析讨论应如何避免并总结操作方法。

表 5-9 　　　　　　　　　　　　　　　　　　　自　检

检查项目	检查结果	
是否能正确使用测量工具	是□	否□
读数是否正确	是□	否□
任务实施记录表是否完成	是□	否□

（二）互　检

组与组之间进行任务操作过程检查，并把检查结果填入表 5-10。

表 5-10 互 检

检查项目	检查结果
是否能正确使用测量工具	是□　　否□
读数是否正确	是□　　否□
任务实施记录表是否完成	是□　　否□

七、课堂小结

动画演示

实操视频

扭力扳手、气门拆装工具的使用任务工单					
设备信息	**发动机型号**			**气门数**	
任务描述	常用工具整理 ☐	常用工具选用 ☐	游标卡尺 ☐	千分尺 ☐	
	量缸表 ☐	钢直尺 ☐	塞尺 ☐	刀口尺 ☐	
	燃油压力表 ☐	机油压力表 ☐	胎压表 ☐	气缸压力表 ☐	
	万用表 ☐	扭力扳手 ☐	气门拆装工具 ☐	球头取出器 ☐	
	拉拔器 ☐	诊断仪 ☐	内窥镜 ☐	示波器 ☐	
	举升机 ☐	四轮定位仪 ☐	轮胎拆装机 ☐	动平衡机 ☐	
	划针 ☐	铁皮剪 ☐	锉刀 ☐	钳工工具 ☐	
	其他：				

 **任务目标**
- 能够使用扭力扳手按照规定扭矩进行拧紧作业
- 能够使用气门拆装工具正确拆装气门

 **任务内容**
- 扭力扳手的作用、组成、分类与使用
- 气门拆装工具的作用、组成与使用

 **任务重点**
- 扭力扳手的作用、组成与分类
- 气门拆装工具的作用与组成

 **任务难点**
- 扭力扳手的使用方法
- 气门拆装工具的使用方法

一、知识讲解

（一）扭力扳手

1.扭力扳手的作用、组成与分类

扭力扳手又称为扭矩扳手、力矩扳手、扭矩可调扳手，在汽车检查维修中用来对各种螺栓施加一定扭矩的预紧力，以拧紧螺栓。

扭力扳手按驱动方式可分为电动扭力扳手和手动扭力扳手两种，分别如图 6-1 和图 6-2 所示。

图 6-1　电动扭力扳手

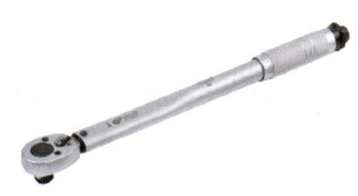

图 6-2　手动扭力扳手

电动扭力扳手又称为扭矩可调电动扳手，其主要特征是可以设定扭矩，并且扭矩可调。

手动扭力扳手由人给扳手施加一个力产生力矩，达到转动螺栓的目的。手动扭力扳手按扭矩显示方式可分为声响式扭力扳手、表盘式扭力扳手、指针式扭力扳手、数字式扭力扳手，如图 6-3 所示。

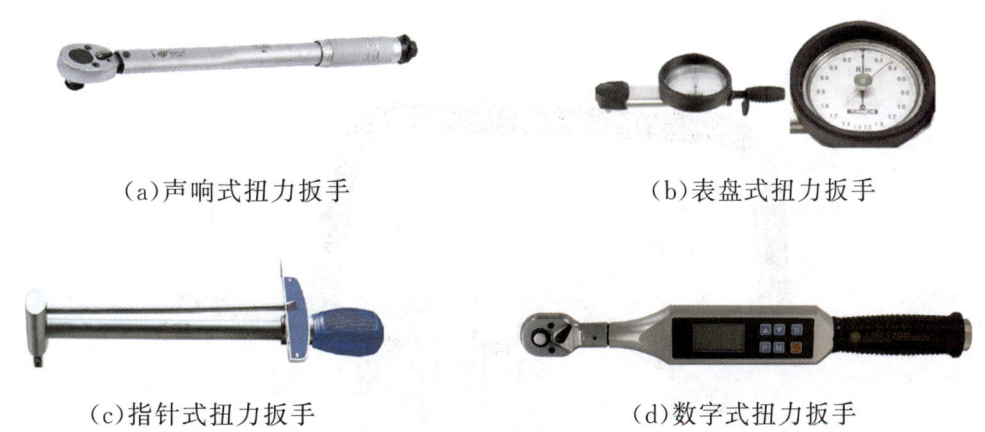

（a）声响式扭力扳手　　　　　　　　　（b）表盘式扭力扳手

（c）指针式扭力扳手　　　　　　　　　（d）数字式扭力扳手

图 6-3　各类手动扭力扳手

声响式扭力扳手由锁止螺栓、活动套筒、力矩刻度、换向钮、棘轮等组成，如图 6-4 所示。

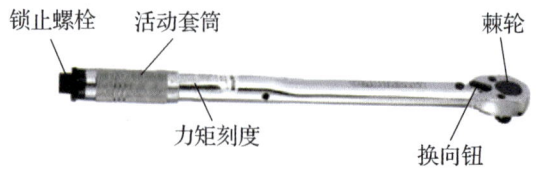

锁止螺栓　活动套筒　棘轮

力矩刻度　换向钮

图 6-4　声响式扭力扳手的组成

2.扭力扳手的使用

　　扭力扳手使用前要预设扭矩值。以声响式扭力扳手为例,在预设扭矩值时,先将扳手手柄上的锁止螺栓拧松,同时转动手柄,调节标尺主刻度线和微分刻度线数值至所需扭矩值,如图 6-5 所示。调节好后,拧紧锁止螺栓,手柄自动锁定。

图 6-5　预设声响式扭力扳手的扭矩

　　在扳手棘轮头部装上相应规格套筒,并套住紧固件螺栓或螺杆头部,持手柄沿顺时针方向均匀施力,当听到"咔嗒"声时,即达到规定值,停止施力。

(二)气门拆装工具

1.气门拆装工具的作用与组成

　　气门拆装工具可用于拆装气门弹簧座直径为 28~52 mm 的气门弹簧。它采用组合式结构,利用螺纹传动原理,将气门弹簧压紧、放松,达到拆装气门弹簧的目的。

　　气门拆装工具主要由夹持气门支架、松紧螺栓、夹持弹簧套筒、松紧接杆等组成,如图 6-6 所示。

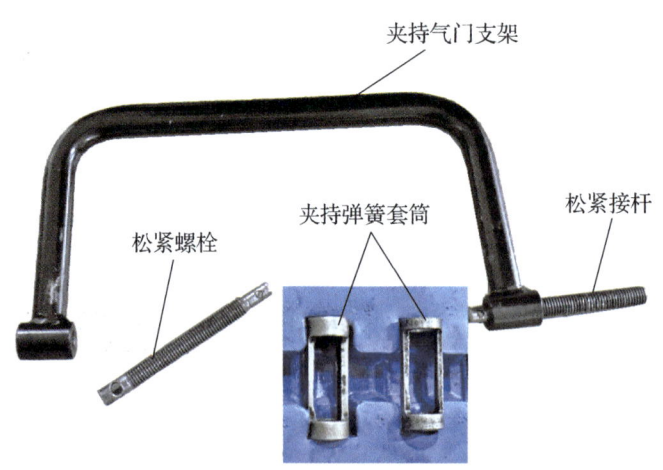

夹持气门支架

松紧螺栓　　夹持弹簧套筒　　松紧接杆

图 6-6　气门拆装工具的组成

2.气门拆装工具的使用

　　气门拆装工具使用前需要选用合适的夹持弹簧套筒,如图 6-7 所示。选择好夹持弹簧套筒后,将气门拆装工具的一端夹持弹簧套筒顶在气门顶座上,如图 6-8 所示,另一端夹持弹簧套筒顶在气门弹簧上,如图 6-9 所示。

图 6-7　夹持弹簧套筒

图 6-8　将夹持弹簧套筒顶在气门顶座上

如图 6-10 所示,旋转松紧接杆,这时松紧螺栓的弹簧上下移动,此时可以取下或安装气门弹簧锁片,即可拆卸或安装气门。

图 6-9　将夹持弹簧套筒顶在气门弹簧上

图 6-10　旋转松紧接杆

二、任务准备

在下列图片中勾选出完成本任务所需的物品。

扭力扳手	尖嘴钳	实训整车	一字旋具
气门拆装工具	工具车	发动机实训设备	抹布

三、防护措施

（1）进入车间应穿工鞋，戴工帽；工作服应整洁、无破损；操作时不可佩戴手表等金属饰品，以防划伤车辆表面。

（2）车辆进入车间内，应停放至指定地点，熄灭发动机，将变速器置于空挡位置，并拉紧驻车制动器，台架应将滑轮锁死或用木块固定。

（3）操作时应将工具、零部件、设备、车辆等摆放整齐，工作结束后摆放于指定地点保管。

（4）操作过程中应做到油品、工具、配件不落地。操作完毕后应及时清理车间工作场地，做到现场"5S"管理。

四、任务分配

任务分配见表 6-1。

表 6-1 　　　　　　　　　　　　　　任务分配

职　务	代　码	姓　名	工作内容
组长	A		监督、管理组员工作
组员	B		准备任务实施所需车辆
	C		
	D		准备任务实施所需工具
	E		

五、任务实施

根据表 6-2 中的提示完成相应任务并做好记录。

表 6-2 　　　　　　　　　　　　　　扭力扳手的使用

项　目	图　片	扭矩值/(N·m)
拧紧轮胎紧固螺栓		

项　　目	图　　片	扭矩值/(N·m)
拧紧减振器固定螺栓		
拧紧变速器支架螺栓		
拧紧主减速器从动齿轮螺栓		

将表 6-3 中的工作步骤进行排序，并按正确顺序完成任务。

表 6-3　　　　　　　　　　　气门拆装工具的使用

工作步骤	工作内容
	选用合适的夹持弹簧套筒
	取下气门弹簧锁片
3	用吸力棒取出气门锁片
	拆下气门拆装工具
5	气门拆装工具一端夹持弹簧套筒顶在气门顶座上，另一端夹持弹簧套筒顶在气门弹簧上
	取出气门弹簧座、气门弹簧和气门并摆放整齐
	沿顺时针方向旋转松紧接杆，此时螺旋弹簧向下移动
	对第 2 缸进排气门进行拆解并摆放整齐
	对第 3 缸进排气门进行拆解并摆放整齐
	松开气门拆装工具
11	安装第 2 缸气门
	安装第 3 缸气门
	安装进排气门、气门弹簧和气门弹簧座

续表

工作步骤	工作内容
14	用气门拆装工具压紧气门弹簧
	使用小一字旋具安装气门锁片并涂抹润滑脂,方便气门和锁片贴合
	将气门拆装工具放回工具盒
	将工作台及气缸盖整理归位

六、检 查

(一)自 检

结合本组任务操作过程,对任务执行过程中的操作规范性进行检查,检查操作过程中是否存在以下问题,填入表6-4,分析讨论应如何避免并总结操作方法。

表6-4　　　　　　　　　　　　　自 检

检查项目	检查结果
扭力扳手扭矩调整是否正确	是 □　否 □
扭力扳手使用方法是否规范	是 □　否 □
各螺栓是否按照要求力矩拧紧	是 □　否 □
夹持弹簧套筒选择是否合适	是 □　否 □
气门弹簧及气门是否顺利拆下	是 □　否 □
在使用气门拆装工具时是否存在安全隐患	是 □　否 □
任务实施记录表是否完成	是 □　否 □

(二)互 检

组与组之间相互进行任务操作过程检查,并把检查结果填入表6-5。

表6-5　　　　　　　　　　　　　互 检

检查项目	检查结果
扭力扳手扭矩调整是否正确	是 □　否 □
扭力扳手使用方法是否规范	是 □　否 □
各螺栓是否按照要求力矩拧紧	是 □　否 □
夹持弹簧套筒选择是否合适	是 □　否 □
气门弹簧及气门是否顺利拆下	是 □　否 □
在使用气门拆装工具时是否存在安全隐患	是 □　否 □
任务实施记录表是否完成	是 □　否 □

七、课堂小结

动画演示

实操视频

球头取出器、拉拔器的使用任务工单						
车辆信息	车型		VIN		行驶里程	
设备信息	变速器类型		挡位类型			
任务描述	常用工具整理 ☐	常用工具选用 ☐	游标卡尺 ☐	千分尺 ☐		
	量缸表 ☐	钢直尺 ☐	塞尺 ☐	刀口尺 ☐		
	燃油压力表 ☐	机油压力表 ☐	胎压表 ☐	气缸压力表 ☐		
	万用表 ☐	扭力扳手 ☐	气门拆装工具 ☐	球头取出器 ☐		
	拉拔器 ☐	诊断仪 ☐	内窥镜 ☐	示波器 ☐		
	举升机 ☐	四轮定位仪 ☐	轮胎拆装机 ☐	动平衡机 ☐		
	划针 ☐	铁皮剪 ☐	锉刀 ☐	钳工工具 ☐		
	其他：					

- 能够使用球头取出器拆卸球头
- 能够使用拉拔器拆卸齿轮和轴承

- 球头取出器的作用、组成与使用
- 拉拔器的作用、组成与使用

- 球头取出器的作用与组成
- 拉拔器的作用与组成

- 球头取出器和拉拔器的使用方法

一、知识讲解

（一）球头取出器

1.球头取出器的作用与组成

球头取出器主要用于拆卸球头,它主要由支架和螺栓组成,如图7-1所示。

2.球头取出器的使用

拆卸球头时,首先使用工具拧松转向横拉杆球头固定螺母,拆下固定螺母,如图7-2所示。

图 7-1 球头取出器

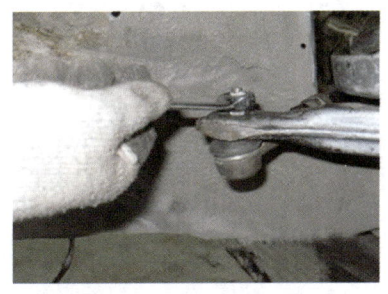
图 7-2 拆卸固定螺母

然后将球头取出器固定在球头销和转向节臂上,如图7-3所示。

图 7-3 安装球头取出器

最后使用梅花扳手旋入球头取出器螺杆,利用杠杆原理压出球头,如图7-4所示。

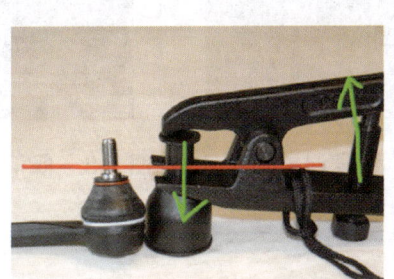

图 7-4 压出球头

使用球头取出器时应注意：

(1)安装球头取出器时应用安全绳绑住球头取出器，防止压出球头时掉落。

(2)当螺杆出现拧紧困难的时候，应停止拧紧，用手锤轻轻敲击球头取出器支架压出球头，敲击时要防止球头取出器弹出。

(二)拉拔器

1.拉拔器的作用与组成

拉拔器主要用于拆卸难以拆下的轴承、齿轮，如图 7-5 所示。

拉拔器可分为两爪拉拔器、三爪拉拔器，它主要由拉爪和调整螺杆等组成，如图 7-6 所示。

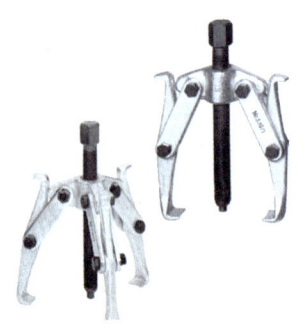

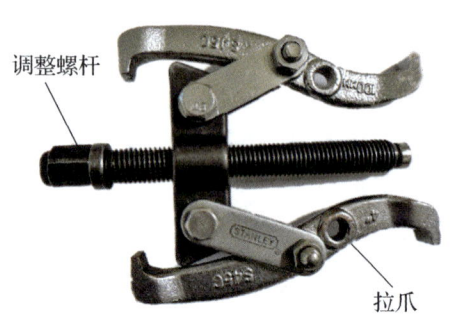

调整螺杆

拉爪

图 7-5　拉拔器　　　　　　　　图 7-6　拉拔器的组成

2.拉拔器的使用

以拆卸 5 挡齿轮为例，拉拔器的使用步骤如下：

(1)将拉拔器安装到变速器 5 挡齿轮上，如图 7-7 所示。

(2)用棘轮扳手拧紧调整螺杆，如图 7-8 所示，利用杠杆原理压出变速器 5 挡齿轮。

(3)用拉拔器取下变速器 5 挡齿轮，如图 7-9 所示。

图 7-7　安装拉拔器　　　图 7-8　拧紧调整螺杆　　　图 7-9　取下变速器 5 挡齿轮

二、任务准备

在下列图片中勾选出完成本任务所需的物品。

 扭力扳手	 球头取出器	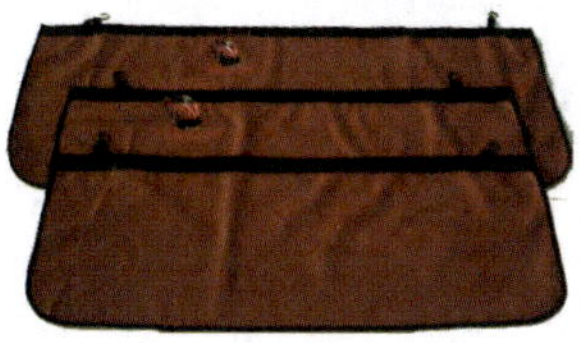 三件套	 棘轮扳手
 抹布	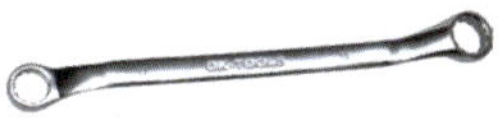 梅花扳手	 呆扳手	 实训整车
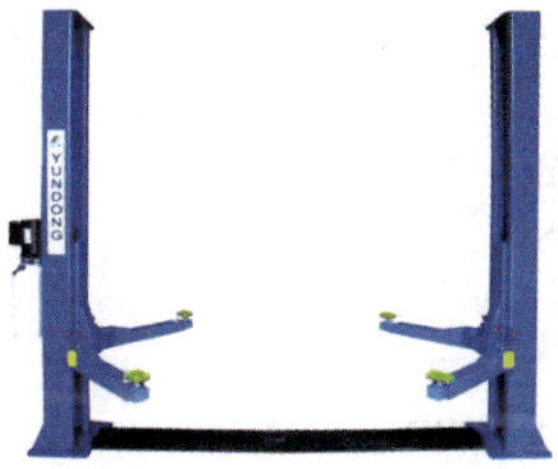 举升机	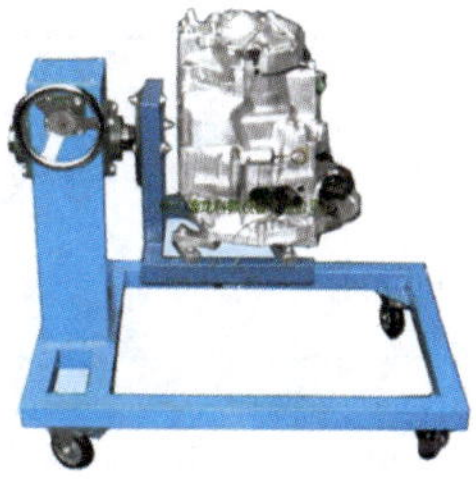 变速器实训设备	 工具车	 工作台

三、防护措施

(1)进入车间应穿工鞋,戴工帽;工作服应整洁、无破损;操作时不可佩戴手表等金属饰品,以防划伤车辆表面。

(2)车辆进入车间内,应停放至指定地点,熄灭发动机,将变速器置于空挡位置,并拉紧驻车制动器,台架应将滑轮锁死或用木块固定。

(3)操作时应将工具、零部件、设备、车辆等摆放整齐,工作结束后摆放于指定地点保管。

(4)操作过程中应做到油品、工具、配件不落地。操作完毕后应及时清理车间工作场地,做到现场"5S"管理。

四、任务分配

任务分配见表 7-1。

表 7-1   任务分配

职　务	代　码	姓　名	工作内容
组长	A		监督、管理组员工作
组员	B		准备任务实施所需车辆
	C		
	D		准备任务实施所需工具
	E		

五、任务实施

将表 7-2 和表 7-3 中的工作步骤进行排序，并按正确顺序完成任务。

表 7-2   球头取出器的使用

工作步骤	工作内容
1	将车辆停到举升机上
2	将车辆举升到合适位置
	旋转压紧螺杆，压出球头，完成拆卸
	安装各球头及固定螺母
	拆卸球头固定螺母
	固定球头取出器
	整理工具设备、归位

表 7-3   拉拔器的使用

工作步骤	工作内容
	将拉拔器安装到变速器 5 挡齿轮上
2	用棘轮扳手拧紧调整螺杆，利用杠杆原理压出变速器 5 挡齿轮
	取下变速器 5 挡齿轮
	整理工具设备、归位

六、检 查

(一)自 检

结合本组任务操作过程,对任务执行过程中的操作规范性进行检查,检查操作过程中是否存在以下问题,填入表7-4,分析讨论应如何避免并总结操作方法。

表 7-4 自 检

检查项目	检查结果
球头固定螺母拆卸是否顺利	是 □ 否 □
球头取出器安装是否正确	是 □ 否 □
球头是否顺利压出	是 □ 否 □
操作过程中是否存在安全隐患	是 □ 否 □
拉拔器安装是否正确	是 □ 否 □
变速器齿轮是否能顺利取下	是 □ 否 □
工具与量具是否清洁、归位	是 □ 否 □

(二)互 检

组与组之间进行任务操作过程检查,并把检查结果填入表7-5。

表 7-5 互 检

检查项目	检查结果
球头固定螺母拆卸是否顺利	是 □ 否 □
球头取出器安装是否正确	是 □ 否 □
球头是否顺利压出	是 □ 否 □
操作过程中是否存在安全隐患	是 □ 否 □
拉拔器安装是否正确	是 □ 否 □
变速器齿轮是否能顺利取下	是 □ 否 □
工具与量具是否清洁、归位	是 □ 否 □

七、课堂小结

动画演示

实操视频

任务八 诊断仪、内窥镜、示波器的使用

诊断仪、内窥镜、示波器的使用任务工单							
车辆信息	车型		VIN		行驶里程		
任务描述	常用工具整理 ☐	常用工具选用 ☐	游标卡尺 ☐	千分尺 ☐			
	量缸表 ☐	钢直尺 ☐	塞尺 ☐	刀口尺 ☐			
	燃油压力表 ☐	机油压力表 ☐	胎压表 ☐	气缸压力表 ☐			
	万用表 ☐	扭力扳手 ☐	气门拆装工具 ☐	球头取出器 ☐			
	拉拔器 ☐	诊断仪 ☐	内窥镜 ☐	示波器 ☐			
	举升机 ☐	四轮定位仪 ☐	轮胎拆装机 ☐	动平衡机 ☐			
	划针 ☐	铁皮剪 ☐	锉刀 ☐	钳工工具 ☐			
	其他:						

- 能够使用诊断仪读取车辆故障码和数据流
- 能够使用内窥镜查看隐藏部位
- 能够使用示波器查看电信号的变换

- VAS505X专用诊断仪的功能与使用
- X431通用诊断仪的使用
- 内窥镜的功能、组成与使用
- 示波器的作用与使用

- VAS505X专用诊断仪的功能
- 内窥镜的作用与组成
- 示波器的作用

- VAS505X专用诊断仪的使用方法
- X431通用诊断仪的使用方法
- 内窥镜的使用方法
- 示波器的使用方法

一、知识讲解

（一）VAS505X 专用诊断仪的功能和使用

1. VAS505X 专用诊断仪的功能

随着型号不断更新，VAS505X 专用诊断仪的功能也在不断完善，包括车辆自诊断、OBD、引导性故障查寻、引导性功能等，如图 8-1 所示。

图 8-1　VAS505X 诊断仪功能界面

其中，车辆自诊断功能可以查询车辆故障存储器中的故障码和数据流，以及进行匹配和基本设置等。

OBD 功能用于与支持"SAE J1979:1998-12 E/E 诊断检测模式"标准并可识别共同使用地址"33H"的车辆系统进行通信。

引导性故障查寻功能可引导确定故障表现及故障症状，找出症结所在，最后将其排除。为此，引导性故障查寻功能会自动收集车辆信息，如配置、症状、功能和文件等以备使用。

引导性功能允许在进行车辆识别之后立即开始执行符合相应车辆客户服务专用工作指南的功能检查，如调校匹配、编码等。

2. VAS505X 专用诊断仪的使用

（1）清除故障码

以清除发动机电控系统故障码为例，其操作步骤如下：

①连接诊断仪，如图 8-2（a）所示。

②选择"车辆自诊断"功能，在弹出的"车辆车载诊断"界面中选择"01-发动机电控系统"，如图 8-2（b）所示。

③选择"004-故障代码存储器内容"，如图 8-2（c）所示。

④选择"004.01-查询故障存储器"，查看其中的故障码，如图 8-2（d）所示。

⑤选择"004.10-清除故障代码存储器"，如图 8-2（e）所示。

⑥按"正常"按钮，进入清除完毕界面，如图 8-2（f）所示。

⑦清除故障码后重新选择"004.01-查询故障存储器",读取故障码,如图 8-2(g)所示。

如果清除故障码后重新查询故障码存储器,仍然有故障码出现,说明发动机电控系统确实存在故障。

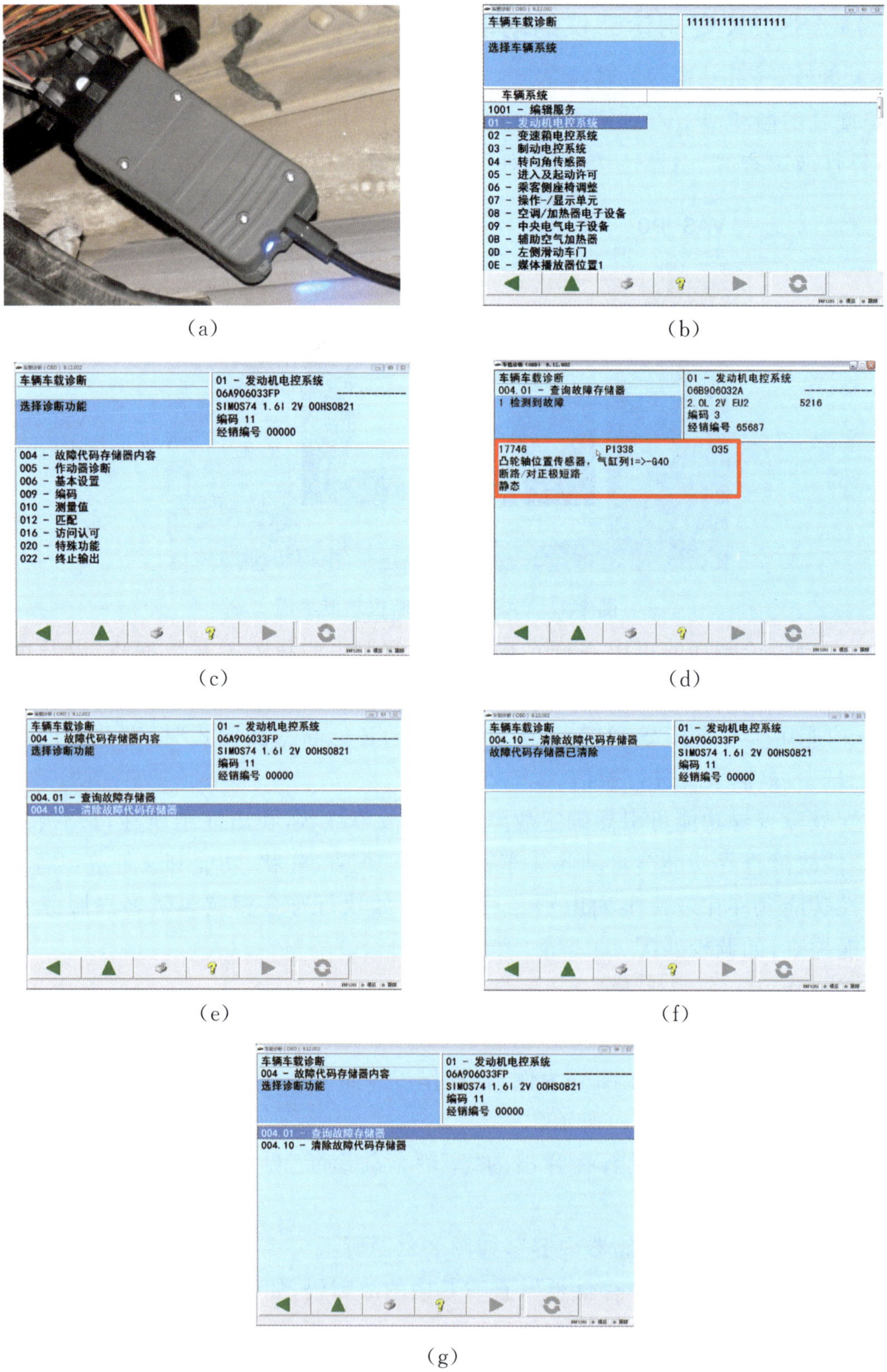

（a）　　　　　　　　　　　（b）

（c）　　　　　　　　　　　（d）

（e）　　　　　　　　　　　（f）

（g）

图 8-2　清除发动机电控系统故障码的步骤

（2）读取各系统数据流

以读取发动机电控系统数据流为例，其操作步骤如下：

①连接诊断仪，进入"车辆车载诊断"界面，选择"01-发动机电控系统"，再选择"010-测量值"，如图8-3（a）所示。

②选择"010.02-读取测量值块"，如图8-3（b）所示。

③进入"读取测量值块"界面，选择"1"，按"Q"（确定）按钮，如图8-3（c）所示。

④读取"显示组1"测量值块，如图8-3（d）所示。

⑤按"▼"按钮，读取"显示组2"测量值块，如图8-3（e）所示。

以此类推，通过此方法可以读取各系统的数据流信息。

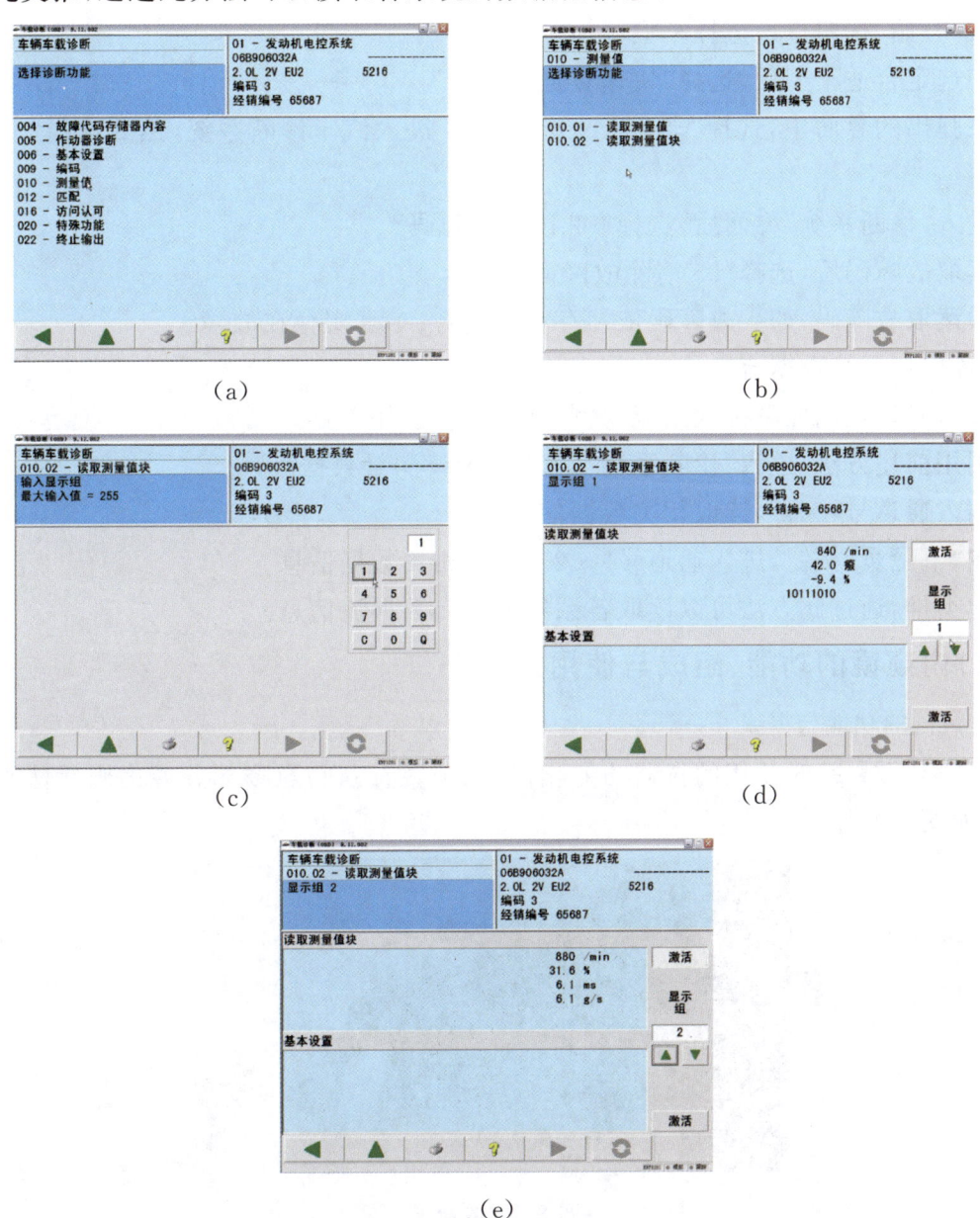

图 8-3 读取发动机电控系统数据流的步骤

(二)X431 通用诊断仪的使用

X431 通用诊断仪的功能与 VAS505X 专用诊断仪功能相似,但是应用范围更广。X431 通用诊断仪可以对大部分车型进行检测,而 VAS505X 专用诊断仪只针对大众、奥迪等汽车品牌。

(1)清除故障码

以使用 X431 通用诊断仪消除发动机系统故障码为例,其操作步骤如下:

①连接诊断接口,打开点火开关。

②在 X431 通用诊断仪弹出的菜单中选择"诊断程序",在子菜单中选择"汽车解码器程序"。

③按"开始"按钮进入选择车型界面。

④在选定合适车型后,选择"快速数据流诊断"。

⑤在弹出的界面中,选择"非 CAN bus 系统"进入汽车诊断系统,然后选择"01 发动机系统"。

⑥进入"诊断系统"界面后,选择"02 读取故障码"。

⑦读取故障码后,选择"05 清除故障码"。

再次读取故障码,如果故障码依然存在,说明汽车真实存在故障。

(2)读取各系统数据流

以读取发动机电控系统数据流为例,其操作步骤如下:

①利用前述方法,进入"诊断系统",选择"08 读测量数据流"。

②输入通道号"001",读取相关数据信息。

③按"下翻页"按钮,进入通道号"002",读取相关数据信息。

以此类推,通过此方法可以读取各系统的所有数据流信息。

(三)内窥镜的功能、组成与使用

1.内窥镜的功能与组成

内窥镜与做胃镜时使用的仪器功能相似,用于观看一些隐藏部分或肉眼无法直接看到的地方,如图 8-4 所示。

图 8-4　内窥镜

内窥镜主要由目镜部、操作部(各种调整部件)、插入头、导管蛇管部、导光插头杆部、光源仪等部分组成,如图 8-5 所示。

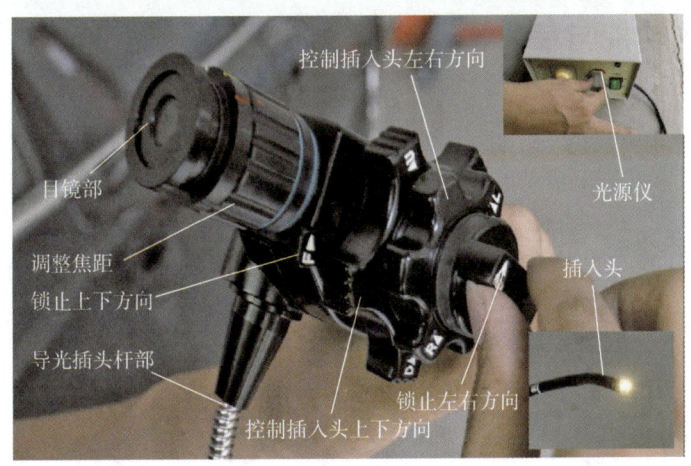

图 8-5　内窥镜的组成

2.内窥镜的使用

以用内窥镜查看中空的汽油箱内部结构为例,其操作步骤如下:

（1）组装连接导光插头杆部和光源仪,如图 8-6(a)所示。

（2）插入内窥镜插入头和导管蛇管部,如图 8-6(b)所示。

（3）调节焦距使目镜内的图像清晰,如图 8-6(c)所示。

（4）调整控制内窥镜插入头左右方向的旋钮,L(Left)为左,R (Right)为右,如图 8-6(d)所示。

（5）转动旋钮 F,锁止左右方向旋钮,如图 8-6(e)所示。

（6）调整控制内窥镜插入头上下方向的旋钮,U(Up)为上,D(Down)为下,如图 8-6(f)所示。

（7）转动旋钮 F,锁止上下方向旋钮,如图 8-6(g)所示。

通过上述步骤可以清晰地查看到汽油箱内部结构。

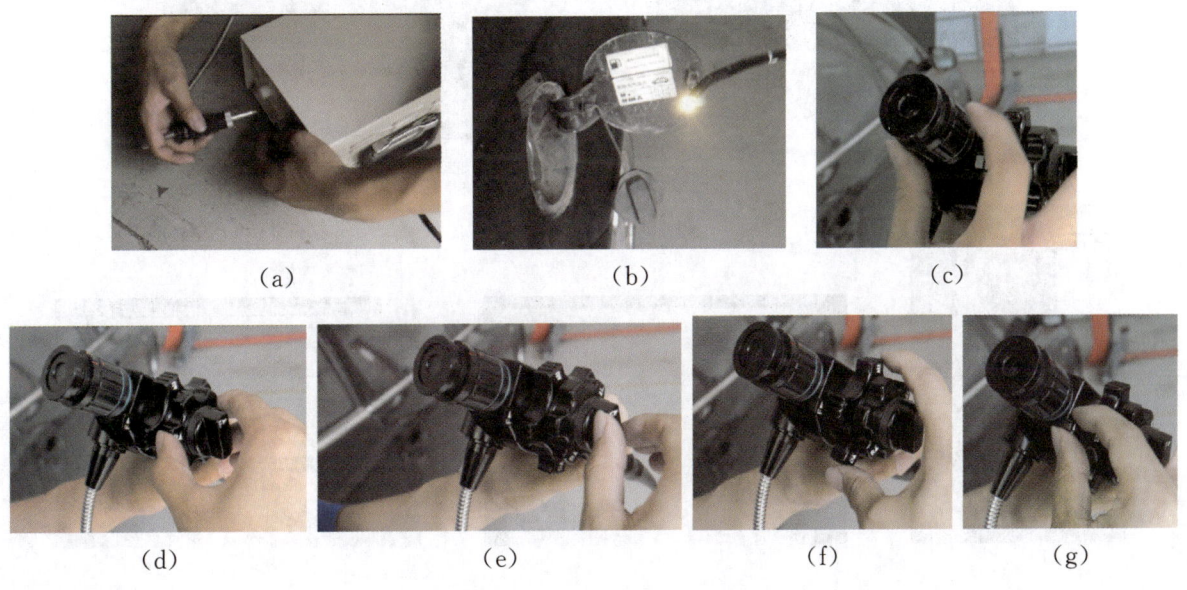

图 8-6　内窥镜的使用步骤

(四)示波器的功能与使用

1.示波器的功能

示波器是一种将电信号转换成图像的波形分析仪,如图8-7所示。

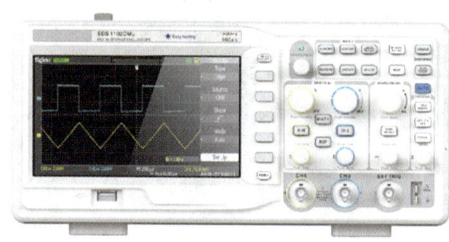

图8-7 示波器

2.示波器的使用

(1)示波器信号接入及快速检查

步骤如下:

①将探头上的开关设定为"×1",如图8-8(a)所示。

②将探头连接器上插槽对准CH1同轴电缆插接件上的插口并插入,然后向右旋转拧紧,如图8-8(b)所示。

③输入探头衰减系数。按CH1功能键显示通道1的操作菜单,选择"探头",将探头衰减系数设为"×1",如图8-8(c)所示。

④把探头端部和接地夹连接到探头补偿器的连接器上,按"AUTO"按钮,几秒内可见到方波显示,如图8-8(d)所示。

⑤以同样的方法检查通道2(CH2),如图8-8(e)所示。

(a)

(b)

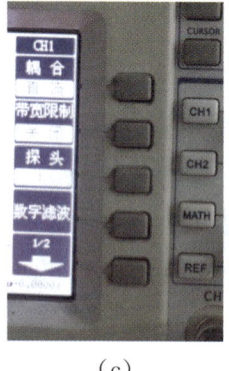

(c)

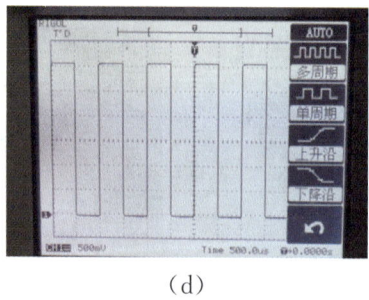

(d)

(e)

图8-8 示波器信号接入及快速检查的步骤

（2）测量波形

以检测曲轴位置传感器为例,用示波器测量波形的操作步骤如下:

①查找曲轴位置传感器,如图 8-9(a)所示。

②用大头针扎破曲轴位置传感器线,如图 8-9(b)所示。

③连接示波器,将探头端部加在大头针上,接地夹接地,如图 8-9(c)所示。

④按"AUTO"按钮,自动检测波形,如图 8-9(d)所示。

⑤测出曲轴位置传感器波形,如图 8-9(e)所示。

⑥调节电压和时间调节旋钮,将波形调整到合适位置,如图 8-9(f)所示。

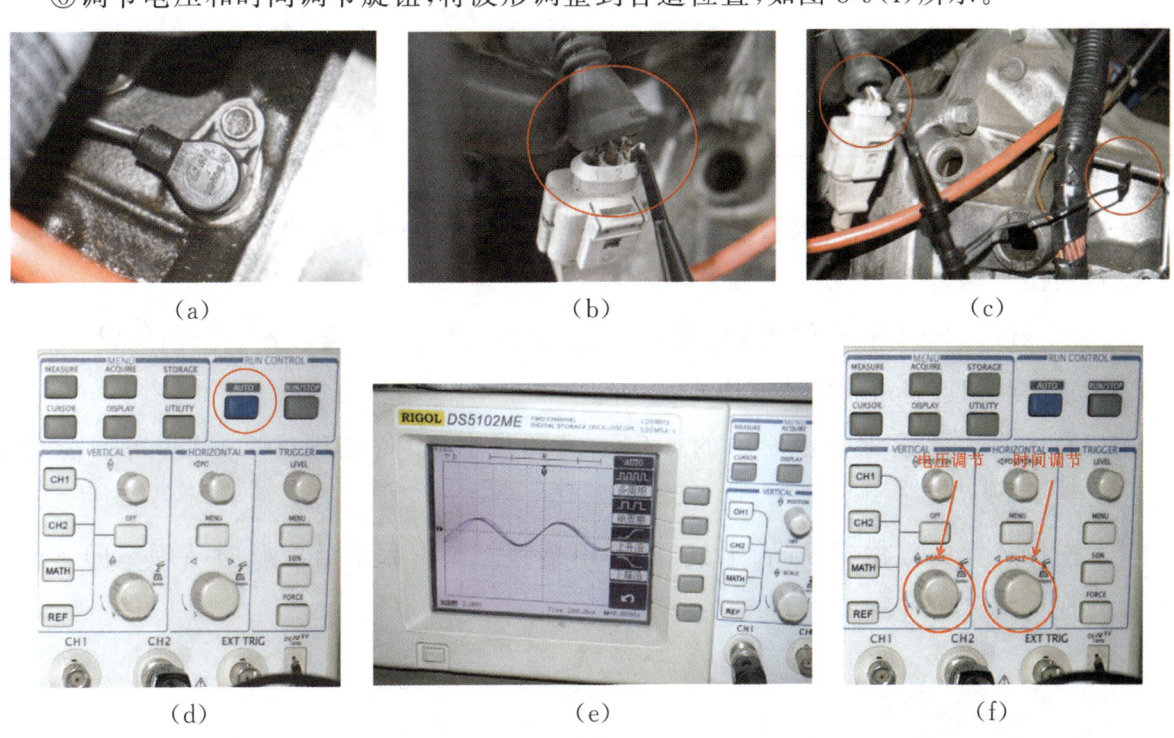

（a）　　　　　　　　　　（b）　　　　　　　　　　（c）

（d）　　　　　　　　　　（e）　　　　　　　　　　（f）

图 8-9　示波器测量波形的步骤

二、任务准备

在下列图片中勾选出完成本任务所需的物品。

大众 VAS5054 专用诊断仪	插排	示波器	实训整车

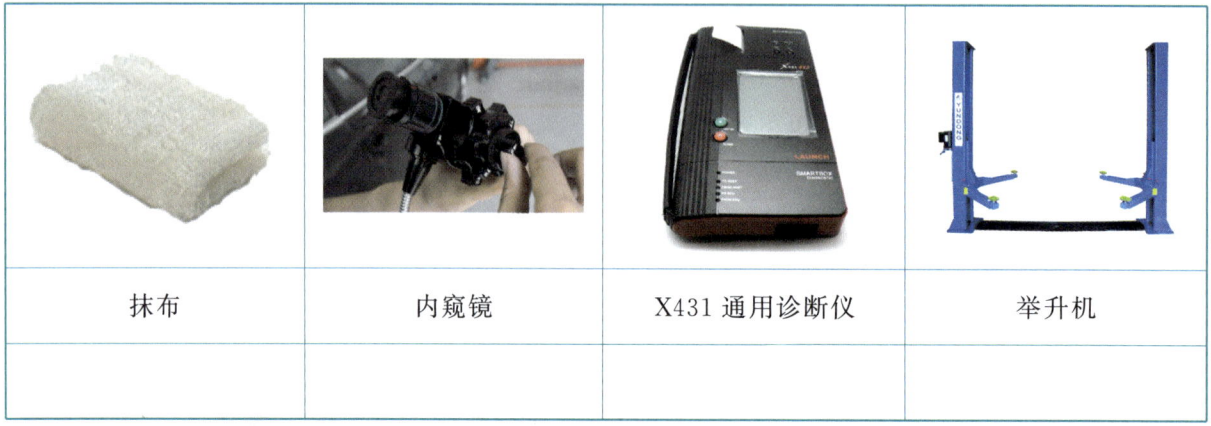

抹布	内窥镜	X431 通用诊断仪	举升机

三、防护措施

(1)进入车间应穿工鞋,戴工帽;工作服应整洁、无破损;操作时不可佩戴手表等金属饰品,以防划伤车辆表面。

(2)车辆进入车间内,应停放至指定地点,熄灭发动机,将变速器置于空挡位置,并拉紧驻车制动器,台架应将滑轮锁死或用木块固定。

(3)操作前应熟读维修手册中的操作标准和仪器、设备使用标准,并做好日常维护工作。

(4)操作过程中应做到油品、工具、配件不落地。操作完毕后应及时清理车间工作场地,做到现场"5S"管理。

四、任务分配

任务分配见表 8-1。

表 8-1   任务分配

职 务	代 码	姓 名	工作内容
组长	A		监督、管理组员工作
组员	B		准备任务实施所需车辆
	C		
	D		准备任务实施所需工具
	E		

五、任务实施

（一）实施步骤

将表 8-2～表 8-8 中的工作步骤进行排序，并按正确顺序完成任务。

表 8-2　　　　　　　　利用 VAS505X 专用诊断仪清除车辆故障码

工作步骤	工作内容
1	在未通电的情况下连接诊断接口
	打开点火开关（不用启动车辆，否则读取不了故障码）
3	接通诊断仪电源，诊断仪工作电压为 220 V，要小心插接电源
	进入诊断仪默认操作界面，如果没有显示界面，检查蓄电池电压及诊断插孔电压
	连接诊断仪后，诊断仪进入初始界面，选择"车辆自诊断"功能
	按"正常"按钮，进入发动机控制单元
	选择"自诊断"，进入"VIN 和牌照"输入界面
	选择"02-变速箱电控系统"
9	选择"变速箱电控系统诊断"
	选择"004-故障代码存储器内容"，进入"查询故障存储器"与"清除故障代码存储器"界面
	在排除故障后应该清除故障码，选择"004.10-清除故障代码存储器"，执行清除故障码操作
	选择"004.08-查询故障存储器"中的故障码并记录
	按"正常"按钮，进入清除完毕界面
14	清除故障码后，重新查询"故障码存储器"，再次读取故障码

表 8-3　　　　　　　　利用 VAS505X 专用诊断仪读取车辆数据流

工作步骤	工作内容
1	选择"车辆自诊断"功能
	选择"自诊断"，进入"VIN 和牌照"输入界面
3	点击"正常"进入发动机控制单元
	选择"010-测量值"，进入"读取测量值"与"读取测量值块"界面
	选择"制动电控系统"
	选择"010-02 读取测量值块"
	进入"读取测量值块"界面，选择"1"，按"确定"按钮
8	读取"显示组 1"测量值块并记录
	读取"显示组 2"测量值块并记录
	读取"显示组 3"测量值块并记录

工作步骤	工作内容
11	读取"显示组 4"测量值块并记录
	读取"显示组 5"测量值块并记录
	读取"显示组 6"测量值块并记录
	读取"显示组 7"测量值块并记录
15	读取"显示组 8"测量值块并记录
16	读取"显示组 9"测量值块并记录
	读取"显示组 10"测量值块并记录
18	整理工具、设备

表 8-4　　　　　　　　　　利用 X431 通用诊断仪读取车辆故障码

工作步骤	工作内容
1	连接诊断接口,打开点火开关
2	打开诊断仪开关,进入诊断仪后,按"开始"按钮
	按"开始"按钮,进入选择车型界面
	在弹出的菜单中选择"诊断程序",在子菜单中选择"汽车解码器程序"
	选好车型后,按"确定"按钮,开始初始化
6	初始化完成后,按"确定"按钮
	在弹出的界面中,选择"快速数据流诊断"
	在弹出的界面中,选择"非 CAN bus 系统",然后选择"01 发动机系统"
	进入"诊断系统"界面,选择"02 读取故障码"
10	读取故障码后,选择"05 清除故障代码",再次读取故障码,如果故障码依然存在,说明汽车存在故障

表 8-5　　　　　　　　　　利用 X431 通用诊断仪读取车辆数据流

工作步骤	工作内容
1	进入"诊断系统",选择"08 读测量数据流"
2	输入通道号"001"并记录
	按"下翻页"按钮,进入通道号"002"并记录
	依次查看所有通道数据流并记录
5	整理工具、设备

表 8-6　　　　　　　　　　　　内窥镜的使用

工作步骤	工作内容
1	组装连接导管插头杆部和光源仪

工作步骤	工作内容
2	插接电源线
	按电源按钮
	打开制动片观察孔
	调节焦距使目镜内的图像清晰
	插入内窥镜插入头和导管蛇管部
	调整控制内窥镜插入头左右方向的旋钮
	转动旋钮 F,锁止左右方向旋钮
	调整控制内窥镜插入头上下方向的旋钮
	转动旋钮 F,锁止上下方向旋钮
	拆掉正时皮带罩
	观察正时皮带标记
	整理工具、设备及车辆

表 8-7   **示波器的信号接入及快速检查**

工作步骤	工作内容
1	接通示波器电源
2	将探头上的开关设定为"×1"
	将探头连接器上插槽对准 CH1 同轴电缆插接件上的插口并插入,然后向右旋转拧紧
	输入探头衰减系数。按 CH1 功能键显示通道 1 的操作菜单,选择"探头",将探头的衰减系数设为"×1"
5	把探头端部和接地夹连接到探头补偿器的连接器上,按"AUTO"按钮,几秒内可见到方波显示
	以同样的方法检查通道 2(CH2)

表 8-8   **利用示波器测量波形**

工作步骤	工作内容
1	查找凸轮轴位置传感器
	用大头针扎破凸轮轴位置传感器线
	连接示波器,将探头端部加在大头针上,接地夹接地
4	按下"AUTO"按钮,自动检测波形
	调节电压和时间调节旋钮,将波形调整到合适位置
	测出凸轮轴位置传感器波形
7	整理工具、设备及车辆

（二）实施记录

结合任务实施过程，完成表 8-9～表 8-12 的填写。

表 8-9　　　　　利用 VAS505X 专用诊断仪读取故障码／数据流记录

使用仪器名称		VAS505X
车型品牌		
序号	任　务	故障码/数据流
1	读取帕萨特（建议车型）变速箱的故障码	
2	读取帕萨特（建议车型）空调／加热器电子设备的故障码	
3	读取帕萨特（建议车型）发动机转速"显示组 5"测量值块	
4	读取帕萨特（建议车型）节气门开度"显示组 6"测量值块	

表 8-10　　　　　利用 X431 通用诊断仪读取故障码／数据流记录

使用仪器名称		X431
车型品牌		
序号	任　务	故障码/数据流
1	捷达（建议车型）的故障码	
2	奥迪 A6（建议车型）的故障码	
3	捷达（建议车型）第 6 组数据流	
4	奥迪 A6（建议车型）第 5 组数据流	

表 8-11　　　　　　　　　内窥镜的使用记录

序号	任　务	结　果
1	是否查看到制动片的厚度	是 □　　否 □
2	是否查看到正时标记的位置	是 □　　否 □

表 8-12　　　　　　　　　示波器的使用记录

序号	任　务	结　果
1	探头开关和示波器衰减系数在测试时是否调节一致	是 □　　否 □
2	绘制测得的凸轮轴位置传感器波形	 参考波形

六、检 查

(一)自 检

结合本组任务操作过程,对任务执行过程中的操作规范性进行检查,检查操作过程中是否存在以下问题,填入表 8-13,分析讨论应如何避免并总结操作方法。

表 8-13　　　　　　　　　　　　自 检

检查项目	检查结果
诊断仪连接是否正确	是□　　否□
是否完成读取故障码与数据流的任务	是□　　否□
内窥镜连接是否正确	是□　　否□
示波器连接是否正确	是□　　否□
实施过程中是否存在安全隐患	是□　　否□
任务完成后是否将仪器设备整理归位	是□　　否□

(二)互 检

组与组之间进行任务操作过程及结果检查,并把检查结果填入表 8-14。

表 8-14　　　　　　　　　　　　互 检

检查项目	检查结果
诊断仪连接是否正确	是□　　否□
是否完成读取故障码与数据流的任务	是□　　否□
内窥镜连接是否正确	是□　　否□
示波器连接是否正确	是□　　否□
实施过程中是否存在安全隐患	是□　　否□
任务完成后是否将仪器设备整理归位	是□　　否□

七、课堂小结

动画演示

实操视频

任务九　举升机、四轮定位仪的使用

举升机、四轮定位仪的使用任务工单			
车辆信息	车型	VIN	行驶里程
任务描述	常用工具整理 ☐　　常用工具选用 ☐　　游标卡尺 ☐　　千分尺 ☐ 量缸表 ☐　　钢直尺 ☐　　塞尺 ☐　　刀口尺 ☐ 燃油压力表 ☐　　机油压力表 ☐　　胎压表 ☐　　气缸压力表 ☐ 万用表 ☐　　扭力扳手 ☐　　气门拆装工具 ☐　　球头取出器 ☐ 拉拔器 ☐　　诊断仪 ☐　　内窥镜 ☐　　示波器 ☐ 举升机 ☐　　四轮定位仪 ☐　　轮胎拆装机 ☐　　动平衡机 ☐ 划针 ☐　　铁皮剪 ☐　　锉刀 ☐　　钳工工具 ☐ 其他： 		

- 能够使用举升机举升车辆
- 能够使用举升机配合四轮定位仪调校车轮

- 举升机的作用、分类、组成与使用
- 四轮定位仪的作用、分类、组成与使用

- 举升机的作用、分类与组成
- 四轮定位仪的作用、分类与组成

- 举升机的使用方法
- 四轮定位仪的使用方法

一、知识讲解

(一)举升机

1.举升机的作用、分类与组成

举升机是汽车维修保养过程中用于举升车辆的设备,如图9-1所示。

举升机在汽车维修保养过程中发挥着至关重要的作用。无论整车大修,还是小修、保养,都离不开举升机;无论是维修多种车型的综合类修理厂,还是经营范围单一的小型维修店,几乎都配备举升机。

图9-1 举升机

常见的举升机有两柱举升机、四柱举升机和剪式举升机等,如图9-2所示。

(a)两柱举升机   (b)四柱举升机   (c)剪式举升机

图9-2 常见的举升机

两柱举升机由立柱、顶轮部件、滑台部件、摇臂部件、托垫、油压机、启动按钮等组成,结构比较简单,节省空间,应用广泛,如图9-3所示。

四柱举升机按结构可分为上油缸式四柱举升机和下油缸式四柱举升机,分别如图9-4、图9-5所示。

　　剪式举升机可以分为大剪（子母式）举升机和小剪（单剪）举升机。剪式举升机靠液压系统驱动升降，运行平稳、同步性能好，具有液压互锁保险和防管爆装置。剪式举升机由三大部分组成，分别是机架、液压系统和电气系统，如图9-6所示。

图 9-3　两柱举升机的组成

图 9-4　上油缸式四柱举升机

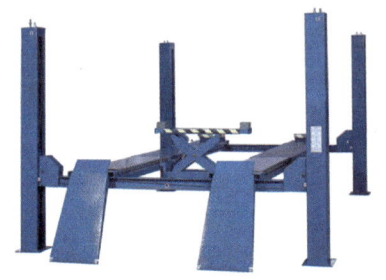

图 9-5　下油缸式四柱举升机

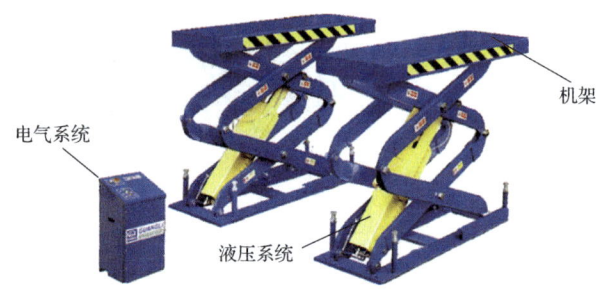

图 9-6　剪式举升机的组成

2.举升机的使用

　　以使用两柱举升机为例，确认汽车停放位置之前，应清除举升机附近妨碍作业的器具及杂物，并检查操纵手柄、安全保险装置、钢丝绳等是否正常。

　　然后将待检的车辆停放到指定位置，将举升机的举升臂按箭头所指位置架好车辆，拉紧驻车制动器。车辆前、后部支撑点分别如图9-7、图9-8所示。

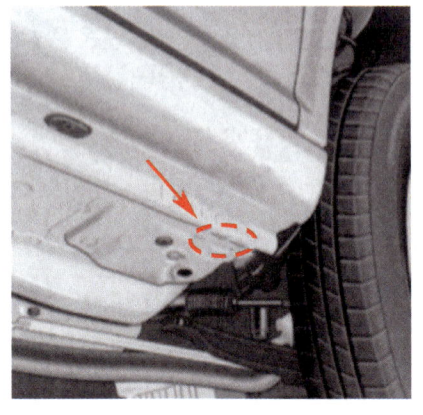

图 9-7　车辆前部支撑点

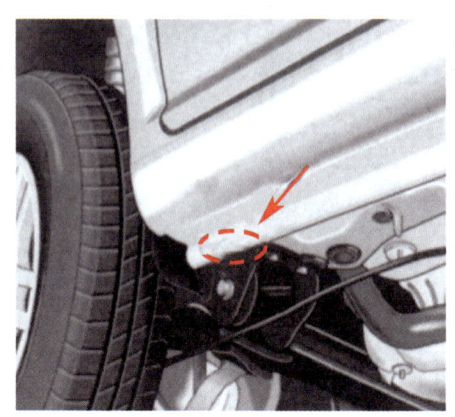

图 9-8　车辆后部支撑点

启动举升机,当举升机的举升臂与车辆的支撑点接触后,停止举升。检查并确认四个举升臂与车辆支撑部位对准并接触。确认后,继续举升车身使车轮离开地面。

剪式举升机的使用方法与两柱举升机相似,不同的是剪式举升机在举升车辆时,支撑点与举升机托盘之间放置有垫块,垫块与车身直接接触,如图 9-9 所示。

在操作举升机时,一定要注意安全,无论何种举升或支撑设备,使用时绝不能超过其安全工作载荷。举升车辆时,一定要注意车辆重心的变化,防止出现如图 9-10 所示的举升车辆倾翻事故。

图 9-9　剪式举升机的垫块

图 9-10　举升车辆倾翻事故

在安全装置或安全支撑连接好之前,任何人都不能站在举升机下面。当有人在举升机下工作时,绝不能操作举升机。

(二)四轮定位仪

1.四轮定位仪的作用、分类与组成

四轮定位仪是用来检测汽车车轮定位参数,与原厂设计参数进行对比,指导使用者对车轮进行调整,使其符合设计要求,以确保汽车行驶性能,即操控轻便、行驶稳定、减少轮胎偏磨损的精密测量仪器,如图 9-11 所示。

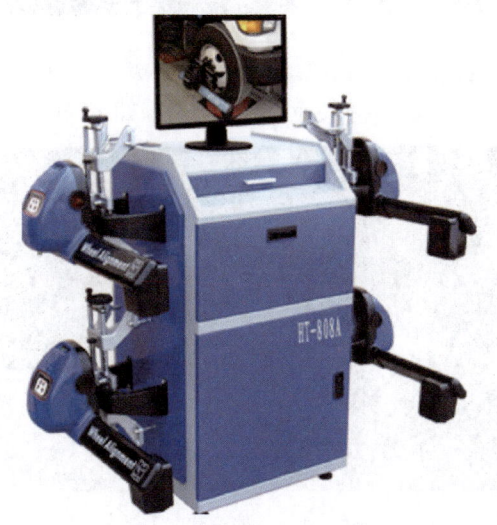

图 9-11　四轮定位仪

四轮定位仪可分为光学水准定位仪、拉线定位仪、CCD定位仪、激光定位仪和3D影像定位仪等。

如图9-12所示，四轮定位仪有四个探杆，分别测量左前车轮、右前车轮、左后车轮和右后车轮。每个探杆上都标记其应测车轮，操作时不要用错，否则测出的数据不准确。

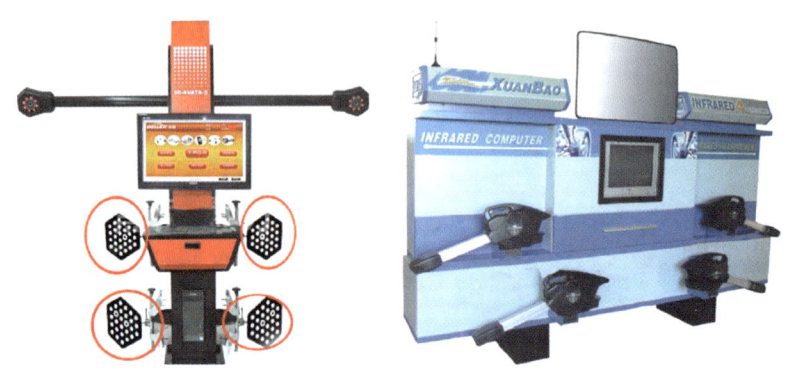

图9-12　四轮定位仪的探杆

2.四轮定位仪的使用

目前市场上的四轮定位仪品牌很多，但操作方法基本类似。首先将被检测车辆驾驶到四柱举升机上，并将前轮停在转角盘中心，停稳后，拉紧驻车制动器，并拔下转角盘上的锁紧销，如图9-13所示。

转角盘
锁紧销

图9-13　转角盘锁紧销

将转向盘回正，并用转向盘支架将转向盘固定住，如图9-14所示。

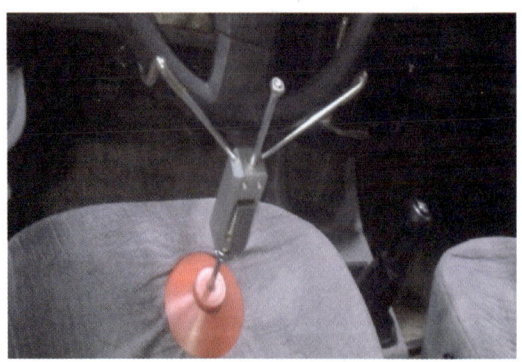

图9-14　固定转向盘

将四轮定位仪的四个探杆分别固定在对应车轮上，并将探杆上的水平仪调整至水平状

态,如图 9-15 所示。

图 9-15 安装和调整测量杆

打开四轮定位仪主机,进入四轮定位系统主界面。按照四轮定位仪系统的指示,对车辆依次进行"偏心补偿"→"主销测量"→"后轴测量"→"前轴测量"→"报表打印"操作,如图 9-16 所示。

图 9-16 四轮定位仪系统操作界面

二、任务准备

在下列图片中勾选出完成本任务所需的物品。

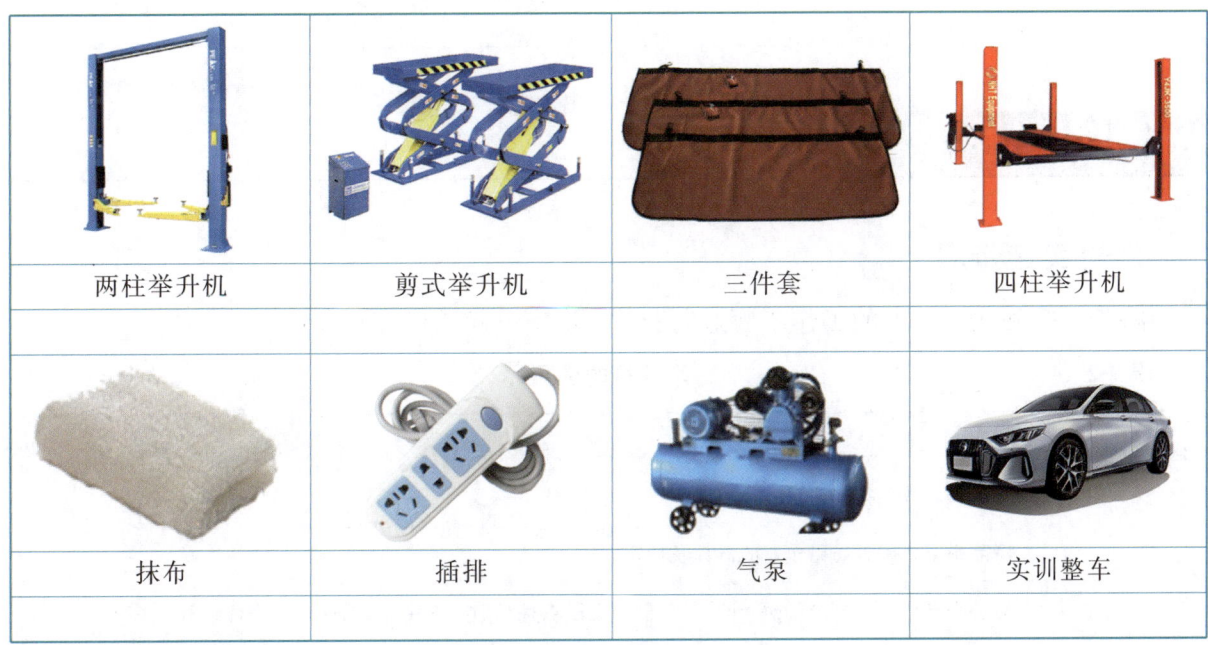

两柱举升机	剪式举升机	三件套	四柱举升机
抹布	插排	气泵	实训整车

三、防护措施

（1）进入车间应穿工鞋，戴工帽；工作服应整洁、无破损；操作时不可佩戴手表等金属饰品，以防划伤车辆表面。

（2）车辆进入车间内，应停放至指定地点，熄灭发动机，将变速器置于空挡位置，并拉紧驻车制动器，台架应将滑轮锁死或用木块固定。

（3）操作时应将工具、零部件、设备、车辆等摆放整齐，工作结束后摆放于指定地点保管。

（4）操作过程中应做到油品、工具、配件不落地。操作完毕后应及时清理车间工作场地，做到现场"5S"管理。

四、任务分配

任务分配见表 9-1。

表 9-1　　　　　　　　　　　　　　　　　任务分配

职　务	代　码	姓　名	工作内容
组长	A		监督、管理组员工作
组员	B		准备任务实施所需车辆
	C		
	D		准备任务实施所需工具
	E		

五、任务实施

（一）实施步骤

将表 9-2 和表 9-3 中的工作步骤进行排序，并按正确顺序完成任务。

表 9-2　　　　　　　　　　　　　　　　　举升机的使用

工作步骤	工作内容
	将车辆停放到指定位置
	清除举升机附近妨碍作业的器具及杂物
3	启动举升机，当举升机的举升臂与车辆的支撑点接触后停止举升，观察车辆是否倾斜

续表

工作步骤	工作内容
	继续举升车辆至预定高度后,稍稍下降,锁住保险,升车完毕
	确认四个举升臂与车辆支撑部位对准并接触
6	稍稍升举车辆后,松开保险,降下车辆
	观察车辆重心,保证车辆不倾斜
	待车辆完全降下后,移开举升臂,驶出车辆
9	关闭举升机电源,清理场地

表 9-3 四轮定位仪的使用

工作步骤	工作内容
1	检查轮胎气压是否正常
	将车辆停放到四柱举升机上,同时观察车辆状态,以免出现危险状况
3	连接四轮定位仪各探杆,调整测量杆调整至水平状态
	拔掉车轮转角盘锁紧销
	用转向盘支架将转向盘固定
	松开转向拉杆固定螺栓
	打开四轮定位仪主机,选择合适车型,根据四轮定位仪系统提示进行数据检查
	记录显示数据
9	拆下四轮定位仪各探杆并放回原位
	将汽车开出四柱举升机
	关闭四轮定位仪,插上车轮转角盘锁紧销
	整理工具、设备,打扫现场卫生

(二)实施记录

结合任务实施过程,完成表 9-4 和表 9-5 的填写。

表 9-4 举升记录

项　目	内　容
举升机额定载重	
汽车质量	
举升过程中暂停次数	

表 9-5   四轮定位仪测量记录

测量部位	参数/项目	实测值
前轮	左后倾角	
	右后倾角	
	左外倾角	
	右外倾角	
	总前束	
	主销内倾角	
后轮	左外倾角	
	右外倾角	
	总前束	

六、检 查

(一)自 检

结合本组任务操作过程,对任务执行过程中的操作规范性进行检查,检查操作过程中是否存在以下问题,填入表 9-6,分析讨论应如何避免并总结操作方法。

表 9-6   自 检

检查项目	检查结果
举升车辆时支撑点是否正确	是□ 否□
车辆举升至预定位置后是否锁住保险	是□ 否□
举升机使用过程中是否存在安全隐患	是□ 否□
举升机操作完成后是否关闭电源	是□ 否□
四轮定位仪测量探杆安装是否正确	是□ 否□
四轮定位仪操作是否正确	是□ 否□
四轮定位仪操作过程中是否存在安全隐患	是□ 否□
任务完成后是否将仪器设备和车辆整理归位	是□ 否□

(二)互 检

组与组之间进行任务操作过程检查,并把检查结果填入表 9-7。

表 9-7   互 检

检查项目	检查结果
举升车辆时支撑点是否正确	是□ 否□
车辆举升至预定位置后是否锁住保险	是□ 否□

续表

检查项目	检查结果	
举升机使用过程中是否存在安全隐患	是□	否□
举升机操作完成后是否关闭电源	是□	否□
四轮定位仪测量探杆安装是否正确	是□	否□
四轮定位仪操作是否正确	是□	否□
四轮定位仪操作过程中是否存在安全隐患	是□	否□
任务完成后是否将仪器设备和车辆整理归位	是□	否□

七、课堂小结

动画演示

实操视频

任务十 轮胎拆装机、动平衡机的使用

轮胎拆装机、动平衡机的使用任务工单			
常用工具整理 ☐	常用工具选用 ☐	游标卡尺 ☐	千分尺 ☐
量缸表 ☐	钢直尺 ☐	塞尺 ☐	刀口尺 ☐
燃油压力表 ☐	机油压力表 ☐	胎压表 ☐	气缸压力表 ☐
万用表 ☐	扭力扳手 ☐	气门拆装工具 ☐	球头取出器 ☐
拉拔器 ☐	诊断仪 ☐	内窥镜 ☐	示波器 ☐
举升机 ☐	四轮定位仪 ☐	轮胎拆装机 ☐	动平衡机 ☐
划针 ☐	铁皮剪 ☐	锉刀 ☐	钳工工具 ☐

任务描述

其他：

_____

_____

_____

 **任务目标**
- 能够使用轮胎拆装机拆装轮胎
- 能够使用动平衡机实现动平衡

 **任务内容**
- 轮胎拆装机的作用、组成与使用
- 动平衡机的作用、组成与使用

任务重点
- 轮胎拆装机的作用与组成
- 动平衡机的作用与组成

 **任务难点**
- 轮胎拆装机的使用方法
- 动平衡机的使用方法

一、知识讲解

(一)轮胎拆装机

1.轮胎拆装机的作用与组成

轮胎拆装机是用来拆卸、安装轮胎的专用设备。轮胎拆装机主要由卡爪、工作台、立柱、升降杆、轮胎压具、拆装器、分离铲、立柱踏板、卡爪踏板、分离铲踏板、工作台踏板等组成,如图 10-1 所示。

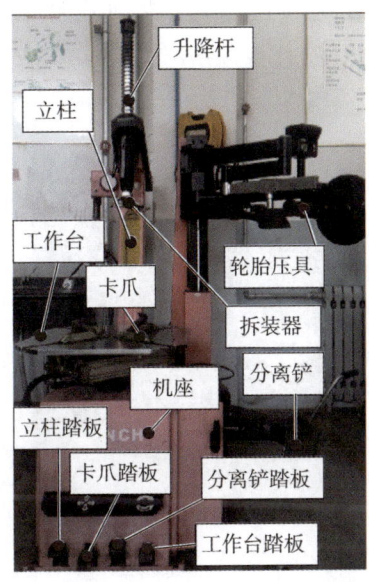

图 10-1　轮胎拆装机的组成

轮胎拆装机的踏板一共有四个,如图 10-2 所示。左起第一个是立柱踏板,其作用是控制升降杆接近轮胎的边缘。第二个是卡爪踏板,其主要作用是将轮胎轮辋固定在工作台上。第三个是分离铲踏板,其作用是控制分离铲(图 10-3)将轮胎轮辋压开。第四个是工作台踏板,其作用是控制工作台的旋转。

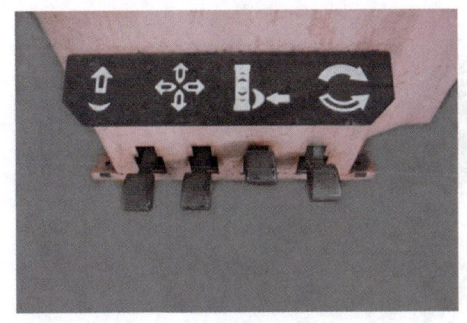

图 10-2　轮胎拆装机的踏板

图 10-3　分离铲

拆装器的作用是拆卸轮胎。轮胎压具能够更好地配合撬棒,使轮胎更容易拆卸。

2.轮胎拆装机的使用

(1)拆卸轮胎

拆卸轮胎前首先要对轮胎进行放气,拆卸平衡块以免发生危险。

然后将轮胎垂直放在分离铲与机座橡胶垫之间,把分离铲移向轮胎,踩分离铲踏板,分离铲在气体压力作用下使轮胎松动。松开踏板并转动轮胎,继续踩踏分离铲踏板,直到轮胎圆周方向全部与轮毂分离。进行此操作时,轮胎务必垂直放置,以防分离铲损伤轮辋,如图 10-4 所示。

将车轮放在工作台上,扳动锁紧杆,松开升降杆,将车轮锁紧在工作台上,如图 10-5 所示。按下升降杆,使拆装机头靠近轮胎边缘,并用锁紧杆锁紧升降杆。调整悬臂定位螺栓,使机头滚轮与钢圈外缘水平距离为 5～7 mm,垂直距离为 3 mm 左右,锁紧锁紧杆,如图 10-6 所示。

图 10-4　安放轮胎　　　　图 10-5　锁紧车轮　　　　图 10-6　锁紧锁紧杆

最后用毛刷将润滑剂涂刷在胎口处,用撬棒将轮缘撬在拆装机头上,然后再点踩踏板,让工作台沿顺时针方向旋转直到轮缘脱落为止,在此过程中要避免损伤轮毂。用同样的方法把轮胎下边缘也拆下,使轮胎与轮辋彻底脱离,如图 10-7 所示。

图 10-7　拆卸轮胎

(2)安装轮胎

安装轮胎时,先在轮胎唇边涂少许润滑剂,将轮胎下缘一部分套装在轮辋上,踩立柱踏

板后按下升降杆,使升降杆靠近轮辋边缘,用手按住轮胎,踩工作台踏板,转动轮胎,使轮胎下缘安装在轮辋上。用同样的方法把轮胎上缘也安装到轮辋上,在装轮胎上边缘时,要边转边压,不能损伤轮毂,如图10-8所示。

安装完成后松开卡住轮辋的卡爪,给轮胎充气。轮胎充气时,应慢慢地压充气枪数次,并保证身体远离轮胎,小心轮胎因瞬间充进大量气体急速膨胀发生危险。充气过程中要确保压力计量器显示的压力不超过轮胎生产厂家注明的范围。

图10-8 安装轮胎

(二)动平衡机

1.动平衡机的作用与组成

动平衡机可以实现轮胎的动平衡。

动平衡机主要由显示屏、防护罩、主轴、测量标尺、车轮锁紧锥套等组成,如图10-9所示。

图10-9 动平衡机

测量标尺可以测量动平衡机与车轮轮辋之间的距离,如图 10-10 所示。

显示屏上从左至右显示的内容为动平衡机到轮胎内侧的距离、轮辋的宽度、轮辋的直径,下面的箭头用来输入数值,如图 10-11 所示。

图 10-10　测量标尺

图 10-11　显示屏的显示内容

车轮锁紧锥套的作用是固定车轮,防止车轮径向晃动,如图 10-12 所示。车轮锁紧螺母的作用是快速对车轮进行锁止,如图 10-13 所示。

主轴的作用是承载车轮。

防护罩的作用是安全防护。

图 10-12　车轮锁紧锥套

图 10-13　车轮锁紧螺母

2.动平衡机的使用

首先检查胎压是否在标准值内,然后清除轮胎胎面上的石子、铁钉等杂物,并将轮辋清理干净,如图 10-14 所示。如果轮胎中夹有石子等会影响动平衡时的准确性。

把车轮装在平衡机的主轴上,装上车轮锁紧锥套,如图 10-15 所示。

图 10-14　清洁轮胎

图 10-15　安装车轮及车轮锁紧锥套

固定好车轮后,打开动平衡机电源,查看显示屏显示是否正常。

用测量标尺测出动平衡机与车轮轮辋之间的距离 A,如图 10-16 所示,并用上下按钮将

此距离 A 输入动平衡机,如图 10-17 所示。

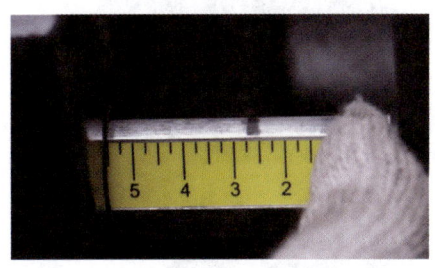

图 10-16　测量动平衡机与轮辋间的距离 A

图 10-17　输入测量参数

安装车轮锁紧螺母,如图 10-18 所示。

用测量卡钳测量轮辋宽度 L,并通过上下按钮输入轮辋宽度 L,如图 10-19 所示。

图 10-18　安装车轮锁紧螺母

图 10-19　测量轮辋宽度 L

在车轮上找到轮辋的直径代号 D,并通过上下按钮输入轮辋直径 D。

将动平衡机的防护罩放下后,启动动平衡仪,轮胎开始自动运转并进行动平衡数据检测。检测结束后,车轮停止运转,控制面板的屏幕上显示检测结果,如图 10-20 所示。显示屏上"35"和"40"分别表示车轮内侧、车轮外侧应当加的配重。接下来慢慢转动车轮,当其中某个检测数据相邻的一排指示灯全亮时,在车轮对应侧的 12 点位置,镶嵌与检测数据相对应的平衡块。加装平衡块的步骤如图 10-21 所示。

图 10-20　动平衡检测

放下防护罩,再次进行检测,当显示结果为"PAS"或"0"时说明已经完成车轮动平衡,如图 10-22 所示。最后拆卸车轮,将设备断电,清理场地。

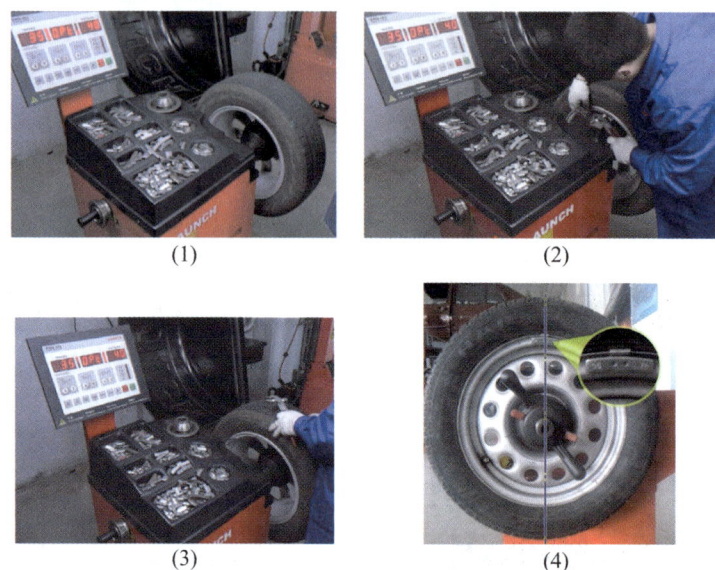

(1)   (2)

(3)   (4)

图 10-21 加装平衡块的步骤

图 10-22 完成车轮动平衡

二、任务准备

在下列图片中勾选出完成本任务所需的物品。

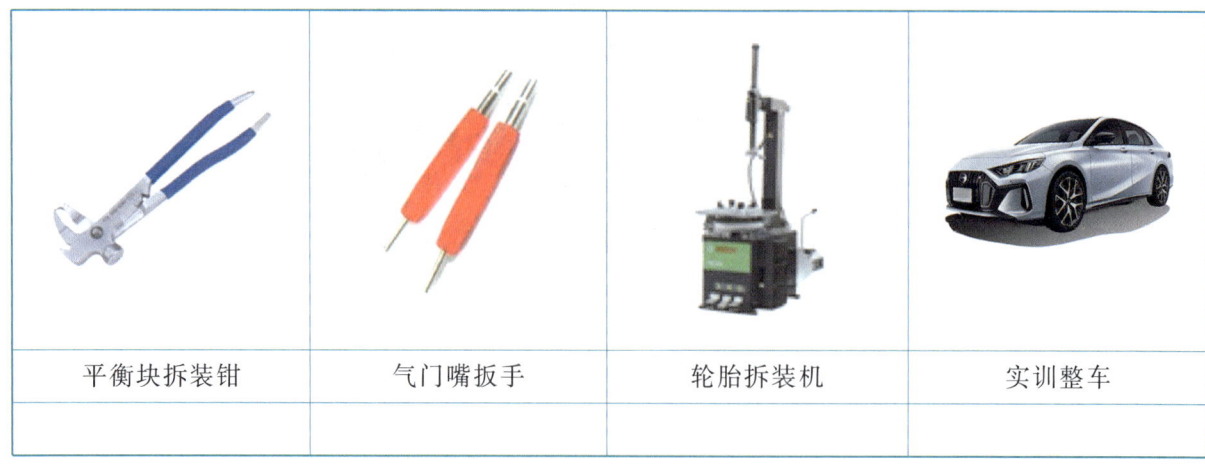

平衡块拆装钳	气门嘴扳手	轮胎拆装机	实训整车

轮胎	动平衡机	撬棒	轮胎拆装润滑剂

三、防护措施

　　(1)进入车间应穿工鞋,戴工帽;工作服应整洁、无破损;操作时不可佩戴手表等金属饰品,以防划伤车辆表面。

　　(2)车辆进入车间内,应停放至指定地点,熄灭发动机,将变速器置于空挡位置,并拉紧驻车制动器,台架应将滑轮锁死或用木块固定。

　　(3)操作时应将工具、零部件、设备、车辆等摆放整齐,工作结束后摆放于指定地点保管。

　　(4)操作过程中应做到油品、工具、配件不落地。操作业完毕后应及时清理车间工作场地,做到现场"5S"管理。

四、任务分配

　　任务实施见表 10-1。

表 10-1　　　　　　　　　　　　　　　**任务分配**

职　务	代　码	姓　名	工作内容
组长	A		监督、管理组员工作
组员	B		准备任务实施所需车辆
	C		
	D		准备任务实施所需设备
	E		

五、任务实施

（一）实施步骤

将表 10-2 和表 10-3 中的工作步骤进行排序，并按正确顺序完成任务。

表 10-2　　　　　　　　　　　　　　　　轮胎拆装

工作步骤	工作内容
1	清除车轮上的杂物和平衡块，以免发生危险
	对轮胎进行放气处理
3	将轮胎垂直放在分离铲与机座橡胶垫之间，把分离铲移向轮胎，踩分离铲踏板，并转动轮毂，重复上述工作，使轮胎完全松动
	将轮辋固定在工作台上
	以拆卸器的一端为支点，用撬棒撬起轮胎外缘，踩工作台踏板，让工作台和轮胎一起旋转，使轮胎上缘脱离轮辋
	在轮辋边缘涂少许润滑剂，按下升降杆，使拆装器接触轮辋边缘
	安装轮胎，将轮辋放到工作台上并卡紧
	用同样的方法把轮胎下边缘也拆下，使轮胎与轮辋彻底脱离，完成轮胎拆卸
9	在轮胎唇边涂少许润滑剂，将轮胎下缘一部分套装在轮辋上，踩立柱踏板后按下升降杆，使升降杆靠近轮辋边缘，用手按住轮胎，踩工作台踏板，转动轮胎，使轮胎下缘安装在轮辋上
	用同样的方法把轮胎上缘也装到轮辋上
	安装完毕后，对轮胎充压到标准值，准备对轮胎进行动平衡检测

表 10-3　　　　　　　　　　　　　　　　动平衡检测

工作步骤	工作内容
1	确定轮胎气压是否在标准值内
	将车轮套装在动平衡仪主轴上，并安装车轮锁紧锥套
3	用车轮锁紧扳手将车轮固定在主轴上并锁紧
	用测量标尺测出动平衡机与车轮轮辋距离 A
5	连接电源启动动平衡机，输入动平衡机与车轮轮辋距离 A
	用测量卡钳测量轮辋宽度 L
	输入轮辋宽度 L
8	在轮胎上找到轮辋的直径代号 D
	输入轮辋直径 D
	放下防护罩，启动动平衡仪
11	待平衡仪停止转动后查看偏差的数值

工作步骤	工作内容
	旋转车轮找到不平衡的位置,按显示器提示的数值安装对应的平衡块
	再次启动动平衡机,检查动平衡是否调整正确
	完成动平衡后,取下车轮锁紧螺母和车轮锁紧锥套,取下车轮
15	设备归位,切断电源

(二)实施记录

结合任务实施过程,完成表 10-4 和表 10-5 的填写。

表 10-4 轮胎拆装记录

项 目	内 容
拆下平衡块的数量	
用分离铲分离轮胎与轮毂的次数	
是否一次性将轮辋卡紧在工作台上	
是否一次性拆装轮胎	

表 10-5 动平衡检测记录

轮胎气压	轮辋直径	轮辋宽度	轮辋至动平衡机的距离	轮辋内侧最大不平衡量	轮辋外侧最大不平衡量

六、检 查

(一)自 检

结合本组任务操作过程,对任务执行过程中的操作规范性进行检查,检查操作过程中是否存在以下问题,填入表 10-6,分析讨论应如何避免并总结正规方法。

表 10-6 自 检

检查项目	检查结果
拆卸轮胎前平衡块是否拆下	是□ 否□
轮胎与轮毂是否正确分离	是□ 否□
轮胎拆装机在使用过程中是否存在安全隐患	是□ 否□
轮胎拆装过程中是否涂抹必要的润滑剂	是□ 否□
是否对车轮进行清洁	是□ 否□
平衡块配重选用是否正确	是□ 否□
检测结果是否准确	是□ 否□
设备是否清洁、归位	是□ 否□

（二）互 检

组与组之间进行任务操作过程检查，并把检查结果填入表10-7。

表 10-7   互 检

检查项目	检查结果	
拆卸轮胎前平衡块是否拆下	是□	否□
轮胎与轮毂是否正确分离	是□	否□
轮胎拆装机在使用过程中是否存在安全隐患	是□	否□
轮胎拆装过程中是否涂抹必要的润滑剂	是□	否□
是否对车轮进行清洁	是□	否□
平衡块配重选用是否正确	是□	否□
检测结果是否准确	是□	否□
设备是否清洁、归位	是□	否□

七、课堂小结

动画演示

实操视频

划针、铁皮剪、锉刀的使用任务工单

任务描述								
	常用工具整理	☐	常用工具选用	☐	游标卡尺	☐	千分尺	☐
	量缸表	☐	钢直尺	☐	塞尺	☐	刀口尺	☐
	燃油压力表	☐	机油压力表	☐	胎压表	☐	气缸压力表	☐
	万用表	☐	扭力扳手	☐	气门拆装工具	☐	球头取出器	☐
	拉拔器	☐	诊断仪	☐	内窥镜	☐	示波器	☐
	举升机	☐	四轮定位仪	☐	轮胎拆装机	☐	动平衡机	☐
	划针	☐	铁皮剪	☐	锉刀	☐	钳工工具	☐
	其他:							

- 能够使用划针划线
- 能够使用铁皮剪剪铁皮
- 能够使用锉刀按照表面粗糙度要求锉削平面、圆柱面与曲面

- 划针的作用与使用
- 铁皮剪的作用与使用
- 锉刀的作用、分类、选择与使用

- 划针、铁皮剪的作用
- 锉刀的作用、分类与选择

- 划针的使用方法
- 铁皮剪的使用方法
- 锉刀的使用方法

（一）划 针

划针用来标记零件及刺穿塑料件和薄钣金件，如图 11-1 所示。在裁剪铁皮之前，可以用划针配合钢直尺在铁皮上划出所需要裁剪的图形，再利用铁皮剪进行裁剪。

图 11-1　划针

（二）铁皮剪

铁皮剪是通用的金属剪切工具，可用来在薄钢板上剪切、刻划出直线或曲线，如图 11-2 所示。

（三）锉 刀

1.锉刀的作用与分类

锉刀是进行锉削作业的主要工具，它由碳素工具钢制成，主要通过锉面上特制的锉齿纹来进行锉削，如图 11-3 所示。

图 11-2　铁皮剪　　　　　　　　　　图 11-3　锉刀

锉刀的种类很多，常用锉刀分为普通锉、整形锉。普通锉按其断面形状分为平锉（扁锉）、方锉、三角锉、半圆锉、圆锉等，如图 11-4 所示。

平锉用于锉平面、外圆面、凸弧面和倒角；方锉用于锉方孔、长方孔和窄平面；三角锉用于锉内角、三角孔和平面；半圆锉用于锉凹圆弧面和平面；圆锉用于锉圆孔、凹圆弧面和椭圆面。

整形锉（全角锉）用于修整工件的细小部位，它由多支不同断面形状的锉刀组成，如图 11-5 所示。

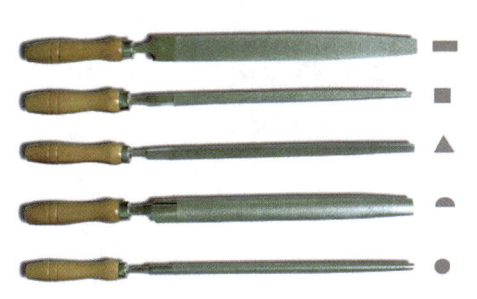

图 11-4 普通锉的分类

图 11-5 整形锉

2.锉刀的选择

粗锉刀有较大的容屑空间,一般用于锉削软材料及加工工作量大和要求不太高的工件。细锉刀用于加工余量小、精度等级高和表面粗糙度值小的工件。此外,新锉刀的锉齿比较锐利,适合锉软金属,可用一段时间后再锉硬金属。

3.锉刀的使用

使用锉刀时,将锉刀柄的后端圆球部位顶在右手掌心中,大拇指压在手柄的前端上面位置并自然伸直,其余四指紧握手柄;左手放在锉刀的前端。当使用较长的锉刀或锉削余量较大时,用左手掌压在锉刀的前端上部,四指自然向下弯曲,用中指和无名指握住锉刀,配合右手引导锉刀,使其平直移动,如图 11-6 所示。

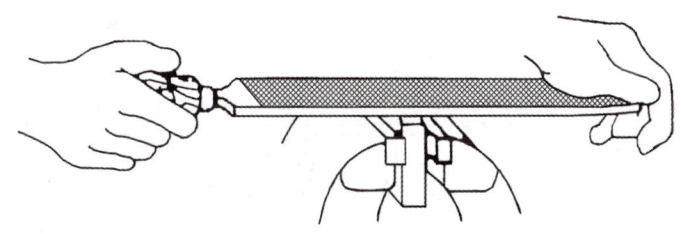

图 11-6 长锉刀的握法

当使用较短的锉刀或锉削余量较小时,用左手的大拇指和食指捏住锉刀的前端,将锉刀端平,进行锉削,如图 11-7 所示。

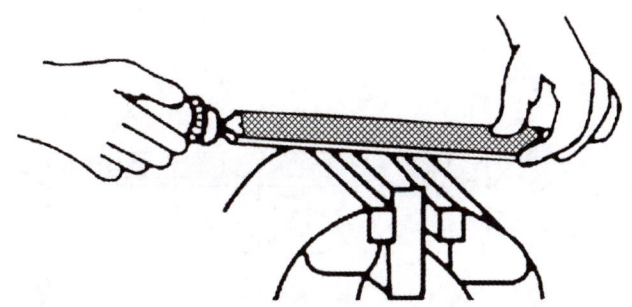

图 11-7 短锉刀的握法

以锉平面为例,锉削时,双手施加的压力要适当,以保证锉刀平直地锉削。开始时,右手施加的压力最小,左手施加的压力最大,使锉刀平稳地向前运动,如图 11-8 所示。

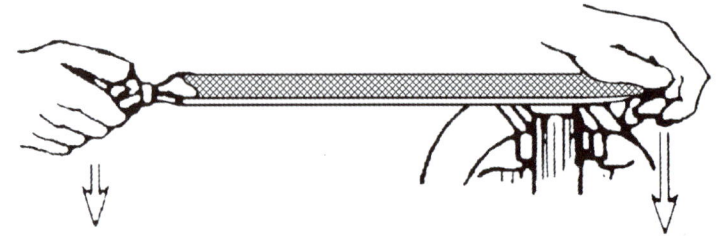

图 11-8 锉平面时的两手用力(开始时)

随着锉刀向前运动,距离增加,左手施加的压力逐渐减小,右手施加的压力逐渐增大,当锉刀行至二分之一行程时,左手、右手施加的压力基本相等,锉刀处于水平状态,如图 11-9 所示。

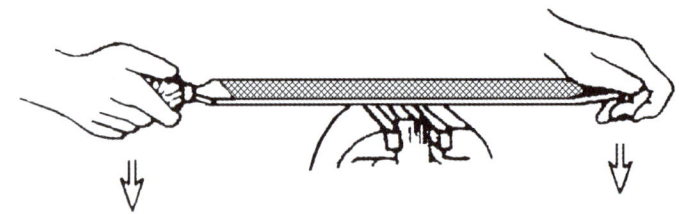

图 11-9 锉平面时的两手用力(行程中)

当锉刀的锉削行程结束即将返回时,右手施加压力增大至最大,而左手施加压力减小到最小,此时锉刀仍保持水平状态,如图 11-10 所示。

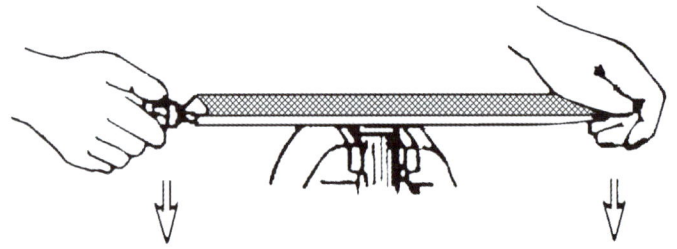

图 11-10 锉平面时的两手用力(结束时)

当锉刀返回时,双手不加压力或将锉刀抬起,离开工件,快速返回起始位置,准备下一次的锉削,如图 11-11 所示。

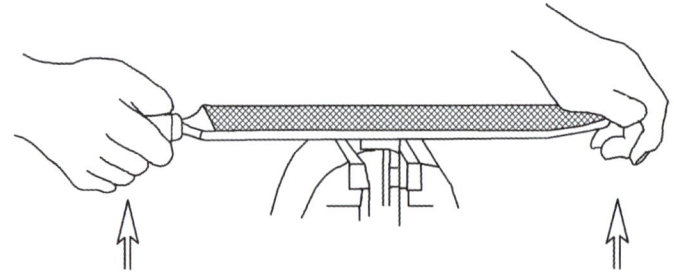

图 11-11 锉削返回时的两手用力

二、任务准备

在下列图片中勾选出完成本任务所需的物品。

划针	整形锉	普通锉	抹布
铁皮剪	手电钻	工具车	工作台

三、防护措施

（1）进入车间应穿工鞋，戴工帽；工作服应整洁、无破损；操作时不可佩戴手表等金属饰品，以防划伤车辆表面。

（2）车辆进入车间内，应停放至指定地点，熄灭发动机，将变速器置于空挡位置，并拉紧驻车制动器，台架应将滑轮锁死或用木块固定。

（3）操作时应将工具、零部件、设备、车辆等摆放整齐，工作结束后摆放于指定地点保管。

（4）操作过程中应做到油品、工具、配件不落地。操作完毕后应及时清理车间工作场地，做到现场"5S"管理。

四、任务分配

任务分配见表 11-1。

表 11-1　　　　　　　　　　　　　　　　任务分配

职　务	代　码	姓　名	工作内容
组长	A		监督、管理组员工作
组员	B		准备任务实施所需车辆
	C		
	D		准备任务实施所需工具
	E		

五、任务实施

将表 11-2～表 11-4 中的工作步骤进行排序，并按正确的顺序完成任务。

表 11-2　　　　　　　　　　　　　　　　划针的使用

工作步骤	工作内容
	划汽车模型的左侧面
	划汽车模型的右侧面
	划汽车模型的底盘和车轮
4	整理工具

表 11-3　　　　　　　　　　　　　　　　铁皮剪的使用

工作步骤	工作内容
	对汽车模型的底盘和车轮进行剪切
	对汽车模型的左侧进行剪切
	对汽车模型的右侧进行剪切
4	整理工具

表 11-4　　　　　　　　　　　　　　　　锉刀的使用

工作步骤	工作内容
	对汽车模型的右侧进行修整
	对汽车模型的底盘和车轮进行修整
	对汽车模型的左侧进行修整
4	整理工具

六、检　查

（一）自　检

结合本组任务操作过程，对任务执行过程中的操作规范性进行检查，检查操作过程中是否存在以下问题，填入表11-5，分析讨论应如何避免并总结操作方法。

表 11-5　　　　　　　　　　　　　　自　检

检查项目	检查结果			
工件形状	优 ☐	良 ☐	可 ☐	差 ☐
边缘整齐度	优 ☐	良 ☐	可 ☐	差 ☐
表面粗糙度	优 ☐	良 ☐	可 ☐	差 ☐
综合评定	优 ☐	良 ☐	可 ☐	差 ☐

（二）互　检

组与组之间进行任务操作过程检查，并把检查结果填入表11-6。

表 11-6　　　　　　　　　　　　　　互　检

检查项目	检查结果			
工件形状	优 ☐	良 ☐	可 ☐	差 ☐
边缘整齐度	优 ☐	良 ☐	可 ☐	差 ☐
表面粗糙度	优 ☐	良 ☐	可 ☐	差 ☐
综合评定	优 ☐	良 ☐	可 ☐	差 ☐

七、课堂小结

动画演示

实操视频

任务十二 钳工工具的使用

钳工工具的使用任务工单							
任务描述	常用工具整理 ☐	常用工具选用 ☐	游标卡尺 ☐	千分尺 ☐			
	量缸表 ☐	钢直尺 ☐	塞尺 ☐	刀口尺 ☐			
	燃油压力表 ☐	机油压力表 ☐	胎压表 ☐	气缸压力表 ☐			
	万用表 ☐	扭力扳手 ☐	气门拆装工具 ☐	球头取出器 ☐			
	拉拔器 ☐	诊断仪 ☐	内窥镜 ☐	示波器 ☐			
	举升机 ☐	四轮定位仪 ☐	轮胎拆装机 ☐	动平衡机 ☐			
	划针 ☐	铁皮剪 ☐	锉刀 ☐	钳工工具 ☐			
	其他:						

- 能够使用台虎钳夹持零件、物料
- 能够使用手锯锯削零件、物料
- 能够正确使用手电钻打孔

- 台虎钳的作用、组成与使用
- 手锯的作用、锯条的选择和手锯的使用
- 电钻的作用、分类与使用

- 台虎钳的作用与组成
- 手锯的作用与分类
- 电钻的作用与分类

- 台虎钳的使用方法
- 锯条的选择与手锯的使用方法
- 手电钻的使用方法

一、知识讲解

(一)台虎钳

1.台虎钳的作用与组成

台虎钳又称虎钳,是用来夹持工件的通用夹具。台虎钳一般放在工作台上,为汽车维修车间常用工具。

台虎钳由底座、固定钳口、活动钳口、夹紧手柄等组成,转盘式的钳体可旋转,方便夹持工件,如图 12-1 所示。

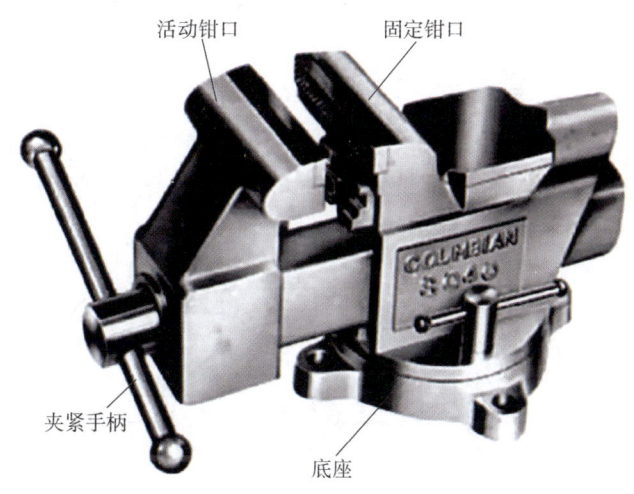

图 12-1 台虎钳

2.台虎钳的使用

直接将待加工工件放于活动钳口与固定钳口之间,再旋转夹紧手柄,便可以将工件牢固地固定在台虎钳上。

夹紧工件时松紧要适当,只能用手扳紧手柄,不得借助其他工具加力。强力作业时,应尽量使力朝向固定钳口;不能在活动钳口和光滑平面上敲击作业;对丝杆、螺母等活动表面应经常清洗、润滑,以防生锈;特别要注意的是不可以一直向外旋转活动钳口,以免丝杆脱落,活动钳口掉下来砸伤人。

(二)手 锯

1.手锯的作用

手锯是用来切割各种材料或工件的一种钳工工具,如图 12-2 所示。

2.锯条的选择和手锯的使用

手据的组成如图 12-3 所示。可调式钢锯的锯弓是可调的,根据锯条的长短,其框架可以伸长,也可以缩短。锯条单位长度的齿数是不同的,单位长度齿数多的锯条适合锯削硬材料或切面较小的工件;单位长度齿数少的锯条适合锯削软材料或切面较大的工件。

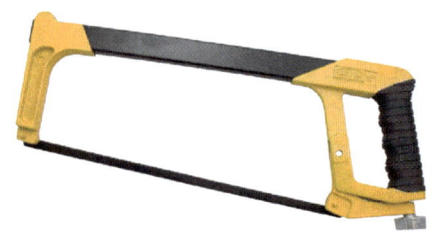

图 12-2　手锯

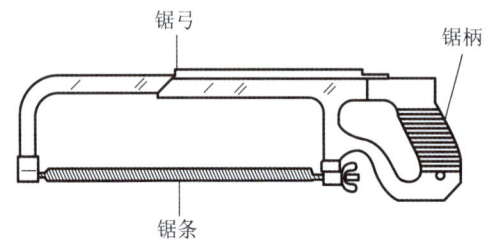

图 12-3　手锯的组成

使用手锯时,首先安装锯条。安装锯条时,应使其锯齿方向与推进的方向相同,如图 12-4 所示。根据需要,锯面可与锯架平面平行或呈 90°。

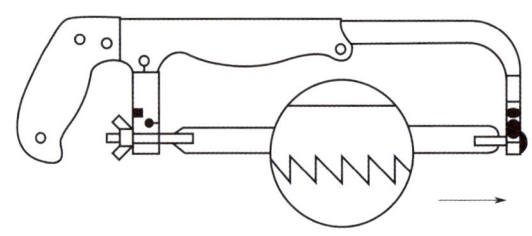

图 12-4　锯齿的方向

开始锯削时,用左手的大拇指压在切割线的左侧,使锯条靠在大拇指旁,锯齿压在切割线上,用右手握锯柄,锯条与材料平面呈适当的角度,如 15°,如图 12-5 所示。若起锯角度太大,会被工件棱边卡住锯齿,有可能将锯齿崩裂,并造成手锯跳动不稳;若起锯角度太小,锯条与工件接触的齿数太多,不易切入工件,还可能偏移锯削位置,而需多次起锯,出现多条锯痕,影响工件表面质量。轻轻推动锯条,锯出一个小口,反复几次,待锯口达到一定深度后,开始双手控制手锯进行正常锯削。

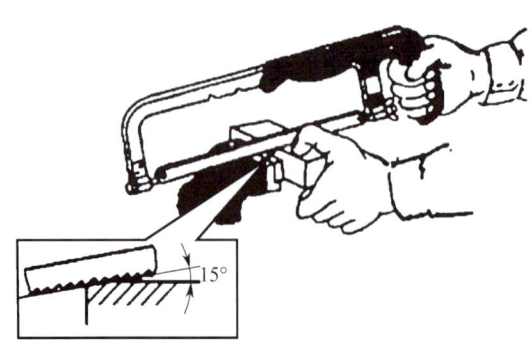

图 12-5　手锯的起锯位置

正常锯削时,用右手满握锯柄,主要负责推拉运动和掌握方向,左手轻扶锯弓前端,配合右手将手锯扶正并向下施加一定的压力。推进时,要对锯条施加压力;退出时,不要对锯弓施加压力,锯身应轻轻抬起,尽可能减少锯齿与被锯面的接触,以减少对锯齿的磨损,速度要比推进时快些。锯削的速度要均匀、平稳、有节奏,快慢要适度,过快容易使操作者疲劳并造成锯条过热,加快磨损。锯削速度一般为 30～40 次/min,硬度较高的材料要慢一些。

两手用力推进的方向应与锯口方向一致,防止弯曲,避免过度用力推进和快进,以防止推断锯条。工件将要锯断时,要目视锯削处,左手扶住将要锯断部分材料,右手推锯,压力要小,推进速度要慢,行程要小。

(三)电　钻

1.电钻的作用与分类

电钻是所有用电动机输出动力的钻孔工具的总称。根据使用功能,电钻可分为普通型电钻、冲击型(可在水泥和砖结构的墙或地面上钻孔)电钻、两用型电钻等。汽车维修中使用的电钻通常为普通型电钻,也称为手电钻,主要用于在各种金属、木料、塑料等硬度相对较小的材料上钻孔,一般具备正/反转功能,很多手电钻还具备调速功能,如图 12-6 所示。

图 12-6　手电钻

2.手电钻的使用

在使用手电钻时,要注意用电安全。在钻孔过程中,钻头要与工件平面垂直,用力要均匀,否则容易损坏钻头或工件。

二、任务准备

在下列图片中勾选出完成本任务所需的物品。

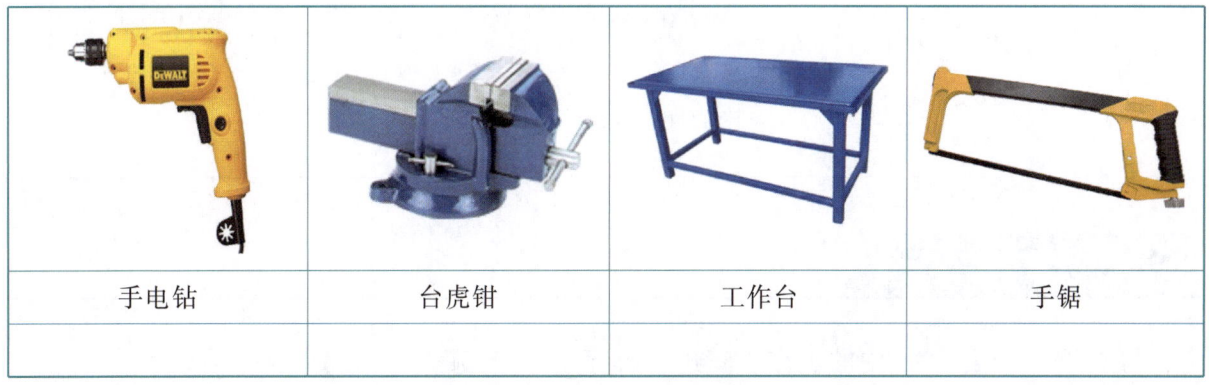

手电钻	台虎钳	工作台	手锯

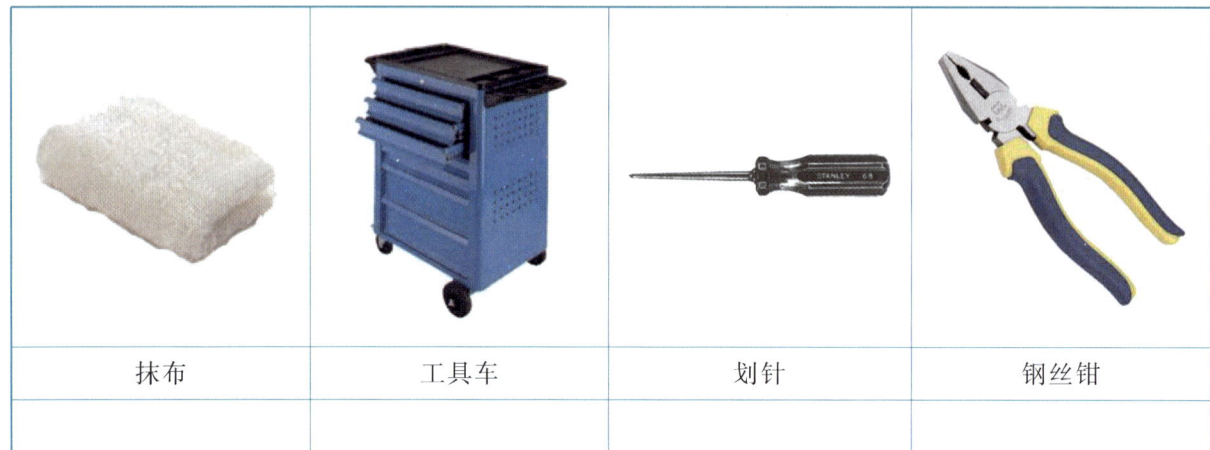

抹布	工具车	划针	钢丝钳

三、防护措施

(1)进入车间应穿工鞋,戴工帽;工作服应整洁、无破损;操作时不可佩戴手表等金属饰品,以防划伤车辆表面。

(2)车辆进入车间内,应停放至指定地点,熄灭发动机,将变速器置于空挡位置,并拉紧驻车制动器,台架应将滑轮锁死或用木块固定。

(3)操作时应将工具、零部件、设备、车辆等摆放整齐,工作结束后摆放于指定地点保管。

(4)操作过程中应做到油品、工具、配件不落地。操作完毕后应及时清理车间工作场地,做到现场"5S"管理。

四、任务分配

任务分配见表12-1。

表 12-1　　　　　　　　　　　　　任务分配

职　务	代　码	姓　名	工作内容
组长	A		监督、管理组员工作
组员	B		准备任务实施所需车辆
	C		
	D		准备任务实施所需工具
	E		

五、任务实施

将表12-2~表12-4中的工作步骤进行排序,并按正确顺序完成任务。

表 12-2　　　　　　　　　　　　**划针与钢直尺的使用**

工作步骤	工作内容
	绘制汽车模型的车头和车尾
	绘制汽车模型的机舱盖
3	绘制汽车模型的前挡风玻璃和车顶

表 12-3　　　　　　　　　　　　**台虎钳与手锯的使用**

工作步骤	工作内容
1	切割汽车模型的前挡风玻璃和车顶并修理毛刺
	切割汽车模型的车头、车尾并修理毛刺
	切割汽车模型的机舱盖并修理毛刺

表 12-4　　　　　　　　　　　　**手电钻的使用**

工作步骤	工作内容
1	在汽车模型左右标记处钻孔
	组装模型
3	安装车轴和轮胎
	整理工具

六、检　查

(一)自　检

结合本组任务操作过程,对任务执行过程中的操作规范性进行检查,检查操作过程中是否存在以下问题,填入表 12-5,分析讨论应如何避免并总结操作方法。

表 12-5　　　　　　　　　　　　**自　检**

检查项目	检查结果			
汽车模型形状	优 □	良 □	可 □	差 □
边缘整齐度	优 □	良 □	可 □	差 □
表面粗糙度	优 □	良 □	可 □	差 □
综合评定	优 □	良 □	可 □	差 □

(二)互　检

组与组之间进行任务操作过程检查,并把检查结果填入表 12-6。

表 12-6   互　检

检查项目	检查结果			
汽车模型形状	优 □	良 □	可 □	差 □
边缘整齐度	优 □	良 □	可 □	差 □
表面粗糙度	优 □	良 □	可 □	差 □
综合评定	优 □	良 □	可 □	差 □

七、课堂小结

动画演示

实操视频